Gernot Sailer

Wissensdatenbanken bei IT-Projekten

Projektdokumentation mit Wissensmanagement 2.X

Diplomica Verlag GmbH

Sailer, Gernot: Wissensdatenbanken bei IT-Projekten: Projektdokumentation mit Wissensmanagement 2.X. Hamburg, Diplomica Verlag GmbH 2013

Buch-ISBN: 978-3-8428-9841-7
PDF-eBook-ISBN: 978-3-8428-4841-2
Druck/Herstellung: Diplomica® Verlag GmbH, Hamburg, 2013

Bibliografische Information der Deutschen Nationalbibliothek:
Die Deutsche Nationalbibliothek verzeichnet diese Publikation in der Deutschen
Nationalbibliografie; detaillierte bibliografische Daten sind im Internet über
http://dnb.d-nb.de abrufbar.

Kurzzusammenfassung: Implementierung einer Wissensdatenbank für IT-Projekte

Ein häufig auftretendes Problem bei der Durchführung von IT – Projekten ist die aufgrund des Zeitdruckes nur mangelhafte durchgeführte Dokumentation sowie der darauf aufbauende Wissenstransfer. Im Vordergrund steht die Implementierung eines System welches den funktionalen Anforderungen des Kunden in Hinblick auf Qualität, Zeit und Preis entspricht wobei für die Projektdokumentation im Allgemeinen sowie für den Wissenstransfer im besonderen häufig noch klassische Dateisysteme verwendet werden. Dies hat einerseits erhebliche negative Auswirkungen auf die Weiterentwicklung und Wartbarkeit des fertiggestellten IT-Systems des Auftraggebers und ist ein Systemrisiko da das systemspezifische Wissen in den Köpfen der implementierenden Projektmitglieder zentriert ist. Andererseits sind auch die Mitglieder des durchführenden Projektteam und deren Organisation von einem nicht optimal durchgeführten Wissenstransfer sowohl im laufenden Projekt als auch in den nachfolgenden Projekten negativ betroffen da die Problemlösungskompetenz und –kapazität nicht optimal ist.

Wissen stellt somit eine Herausforderung auf IT-Projekten dar, die jedoch durch das Management des Wissenstransfers bewältigt und optimiert werden kann. Um in diese Thematik einsteigen zu können, wird in Kapitel 2 eingehend erklärt was Wissen überhaupt ist. Anschließend werden in Kapitel 3 die Charakteristika einer Wissensdatenbank beschrieben. Kapitel 4 befasst sich mit den Merkmalen und Phasen eines Projektes, wobei die dabei zu erstellenden Dokumente im Vordergrund stehen welche eine zentrale Möglichkeit zum Wissenstransfer darstellen. Darauf aufbauend wird in Kapitel 5 der Wissenstransfer in IT-Projekten behandelt wie er in einem klassischen Dateisystem stattfindet und wie dieser durch eine Wissensdatenbank verbessert werden kann. Dabei wird auch auf die entscheidende Bedeutung der Benutzerrollen für den Wissenstransfer eingegangen.

Schlagwörter:

Wissensdatenbank; Wissen; Wissenstransfer; Informationen; Daten; IT-Projekt; Dokumentenmanagement;

Abstract: Implementation of a knowledge database for IT-Projects

A common problem during the implementation of IT-Projects is poor documentation due to the time constrain and a lack of knowledge transfer as a result. The focus is on implementing a system that meets the functional requirements of the customers in terms of quality, time and price. Frequently there are used files stems for project documentation in general and for knowledge transfer in particular. That has significant negative implications for the development and maintenance of the completed IT system and the client has a system risk as the system-specific knowledge is in the heads of the implementing project members. On the other hand, members of the project team and their organization face a sub-optimal knowledge transfer with negative impact both in the current project and in subsequent projects as well as the problem-solving skills and capacity are not on an optimal level.

Knowledge is thus a challenge to IT projects, but can be managed through the management of knowledge transfer. To get into this subject the term "knowledge" is explained in detail in Chapter 2. In the following Chapter 3, the characteristics of a knowledge base are described. Chapter 4 deals with characteristics and phases of a project, whereby emphasis is placed here on the documents to be created as a central way to transfer knowledge. Based on that Chapter 5 describes how knowledge transfer in IT-Projects happens in a classic file system and how that can be improved by using a knowledge database. It also addresses the crucial importance of user roles for the knowledge transfer.

Inhaltsverzeichnis

1.	**EINLEITUNG**	**1**
1.1	Ausgangslage	1
1.2	Problemstellung	2
1.3	Zielsetzung	3
1.4	Forschungsfrage	3
1.5	Aufbau der Arbeit	4
2.	**WISSEN**	**5**
2.1	Wissensbegriffe	5
	2.1.1 Daten	6
	2.1.2 Informationen	8
	2.1.3 Nachrichten	12
	2.1.4 Wissen	13
2.2	Wissensarten	14
	2.2.1 Implizites und explizites Wissen	15
	2.2.2 Individuelles und kollektive Wissen	17
	2.2.3 Internes und externes Wissen	17
	2.2.4 Zusammenfassende Betrachtungen	17
2.3	Generierung von Wissen	19
	2.3.1 Wissenspyramide	19
	2.3.2 Wissenstreppe	20
3.	**WISSENSDATENBANK**	**25**
3.1	Definition Wissensdatenbanken	25
3.2	Wissensdatenbanken im Wissensmanagement	27
3.3	Dokumentenorientierte Wissensdatenbank	29
	3.3.1 Dokumentenmanagementsystem	30
	3.3.2 Content Management Systeme	32

3.3.3 Workflowmanagementsysteme 32

3.4 Datenbank 33

    3.4.1 Bestandteile 33

    3.4.2 Datenmodell eines Datenbanksystems 34

    3.4.3 Relationales Datenmodell 41

4. IT - PROJEKT **44**

4.1 Projektdefinition und Projektmerkmale allgemein 44

4.2 Definition IT - Projekt 48

4.3 Betrachtungsobjekte des Projektmanagements 49

4.4 Wissenstypen im Projekt 50

4.5 Phasen und Dokumentation eines IT-Projektes 53

    4.5.1 Projektphasen und Dokumente 53

    4.5.2 Projektdokumentation 56

    4.5.3 Projektdokumente für den Wissenstransfer 59

5. WISSENSTRANSFER **65**

5.1 Wissenstransfer im Projekt 65

5.2 Wissenstransferzyklus 66

5.3 Ziele des Wissenstransfers im Projekt 68

5.4 Dokumentenablage in einem Dateisystem 69

    5.4.1 Dokumentation von IT-Projekten 69

    5.4.2 Nutzung für den Wissenstransfer 75

5.5 Wissensdatenbank in IT-Projekten 79

    5.5.1 Aufgabe 80

    5.5.2 Implementierung und Nutzung einer Wissensdatenbank 80

    5.5.3 Benutzerrollen und Inhalte in einer Wissensdatenbank 82

    5.5.4 Vorteile des Einsatzes einer Wissensdatenbank 86

6. SCHLUSS **89**

6.1 Ziel der Arbeit - Handlungsempfehlung 89

6.2 Beantwortung der Forschungsfrage 89

6.3 Zusammenfassung und Ausblick 89

LITERATURVERZEICHNIS **92**

ABBILDUNGSVERZEICHNIS **98**

1. Einleitung

1.1 Ausgangslage

„Wissen bestimmt zunehmend den Unternehmenswert. Wissen als Wettbewerbsfaktor hat schlagartig den Sprung in die Schlagzeilen der Wirtschaftspresse geschafft. Wissensmanagement-Arbeitsgruppen werden gegründet, Vorstandsvorsitzende beschäftigen sich damit und Workshops werden angeboten.“[1] So und in ähnlichen Formulierungen wird die Bedeutung und der Fortschritt des Wissens und seinem Management, dem „Wissensmanagement“, hervorgehoben.

Die wachsende Bedeutung von Wissen als Wettbewerbsfaktor und damit als Wettbewerbsvorteil kann durch drei Faktoren begründet werden:[2]

- Heutzutage werden auf den globalen und lokalen Märkten anstelle von arbeits- und kapitalintensiven zunehmend wissensintensive Produkte bzw. Dienstleistungen nachgefragt. In einer globalisierten Welt führt dies zu einer immer stärker werdenden Vorherrschaft der "Wissensnationen" gegenüber den etablierten Industrienationen. Arbeiten mit hohem körperlichen Einsatz wandern ohnehin immer stärker in Schwellen- und Entwicklungsländer.
- Die laufende Globalisierung und der damit einhergehende Strukturwandel werden von den weiterhin rasch fortschreitenden Entwicklungen in der Informationstechnologie sowie den Innovationen in der Kommunikationstechnologie seit den neunziger – Jahren des letzten Jahrhunderts angetrieben.
- Aufgrund der Fortschritte in der Informations- und Kommunikationstechnologie können heutzutage auch riesige Datenmengen gespeichert und ausgetauscht sowie auch räumlich unabhängig "global" und interaktiv bearbeitet werden. Das führte dazu das Informationen jederzeit in einem ausreichenden Detaillierungsgrad für autorisierte Benutzer zur Verfügung steht. Das wiederum führte

---

[1] Gienke, H. / Kämpf, R. (2007) S. 23

[2] Vgl. Gienke, H. / Kämpf, R. (2007) S. 23 - 25

letztlich zu schnellen Marktveränderungen und höheren Innovations-
geschwindigkeiten. Letztlich ist eine Wissensgesellschaft entstanden, in
der Wissen über Innovations- und Wettbewerbsfähigkeit entscheidet.

„In wirtschaftlich hoch entwickelten Gesellschaften, vor allem in Europa,
Nordamerika, Japan und Australien, hat sich Wissen zu einem bedeutenden
Produktionsfaktor entwickelt, vielleicht sogar schon zu dem bedeutendsten."[3] Als
Folge davon muss der Umgang mit Wissen überdacht und Konzepte und Strategien
zum Umgang mit Wissen müssen entwickelt werden. Der Begriff „Wissenstransfer"
wurde erst verhältnismäßig spät eingeführt. Erste Artikel zum Thema erschienen
in den 90er Jahren des vorigen Jahrhunderts (z.b. Nonaka 1991).[4]

Als eine der Folgen des geänderten Wettbewerbsumfelds lässt sich in den
Unternehmen eine Veränderung der Organisationsstrukturen feststellen welche
insbesondere in der Verringerung der Hierarchieebenen im Unternehmen sichtbar
wird.[5] Darüber hinaus kommt es auch, abhängig von der Branche, zu einer
Etablierung von Projektorganisation im Unternehmen. Führend in dieser
Entwicklung sind Unternehmen der Informations- und
Kommunikationstechnologie denn gerade in diesen Branchen zwingen die immer
kürzer werdender Entwicklungszyklen zu den genannten organisatorischen
Anpassungen. Aufgrund der zunehmenden Projektorganisation in den
Unternehmen wird die Implementierung eines projektorientierten
Wissenstransfers somit zum strategischen Erfolgsfaktor.

1.2 Problemstellung

Ein Problem in IT – Projekten im Besonderen so wie in Projekten generell besteht
darin dass aufgrund des Zeitdruckes in Hinblick auf die Fertigstellung häufig auf
den Wissenstransfer im Projekt wenig Rücksicht genommen wird. Im Vordergrund
steht die Implementierung eines Systems welches den funktionalen Anforderungen
des Kunden in Hinblick auf Qualität, Zeit und Preis entspricht. Der
Wissenstransfer des im Zuge des Implementierungsprozesses generierten

---

[3] Vgl. Eschenbach, S. / Geyer, B. (2004) S. 9

[4] Vgl. Nonaka, I. (1991)

[5] Vgl. Patzak, G. / Rattay, G. (1998) S. 454ff

applikationsspezifischen Wissens wird daher häufig zugunsten der vorhin genannten Zielen vernachlässigt, dies umso mehr je weniger stark der Projekteigner darauf drängt. Der mangelhafte Wissenstransfer hat insbesondere folgende Ursachen:

- Einerseits durch die mangelhafte oder überhaupt fehlende Erstellung von Projektdokumenten
- Andererseits durch ein Ablegen der Dokumente in Form einer klassischen Dateiablage in Verzeichnissen wodurch das Auffinden von jeweiligen problem-lösungsrelevanten Dokumenten erschwert oder unmöglich gemacht wird

Dies hat erhebliche Auswirkungen auf die Weiterentwicklung und Wartbarkeit des fertiggestellten Systems und ist ein Systemrisiko da das systemspezifische Wissen individuell verteilt in den Köpfen der implementierenden Projektmitglieder zentriert ist. Üblicherweise wird die Wartung und Weiterentwicklung eines Systems nach dessen Produktivsetzung von anderen unternehmensexternen- oder internen Personen durchgeführt. Diese Personen müssen dann die systemspezifischen Besonderheiten erst wieder aus dem System ermitteln was dementsprechende Ressourcen verbraucht.

Andererseits führt ein mangelnder organisationaler Wissenstransfer während der laufenden Projekte auch dazu dass die Problemlösungskompetenz der einzelnen Projektmitglieder bei folgenden Projekten suboptimal ist da sie nicht auf die dokumentierten Erfahrungen aus anderen Projekten zugreifen können.

Eine Lösung ist dabei das Anlegen bzw. die Nutzung einer Wissensdatenbank um den notwendigen Wissenstransfer in strukturierter Form möglichst zeitnah durchführen zu können.

1.3 Zielsetzung

Das Ziel dieser Arbeit ist die Ableitung einer Handlungsempfehlung zur Implementierung einer Wissensdatenbank bei Unternehmen in denen viele IT-Projekte abgewickelt werden.

1.4 Forschungsfrage

Die Forschungsfrage lautet: Wie kann in einem Unternehmen in dem laufend IT-Projekte durchführt werden neben der verpflichtenden Projektdokumentation in einem Dateisystem auch eine Wissensdatenbank für den Wissenstransfer optimal betrieben und genützt werden?

1.5 Aufbau der Arbeit

Wissen steht als Erfolgsfaktor für die Durchführung von Projekten somit im Mittelpunkt und muss durch das Management des Wissenstransfers optimal unterstützt werden. Um in diese Thematik einsteigen zu können, wird in Kapitel 2 ausführlich geklärt, was Wissen überhaupt ist.

In Kapitel 3 werden die Bestandteile einer Wissensdatenbank beschrieben. Dabei wird sich zeigen wie uneinheitlich der Begriff „Wissensdatenbank" definiert ist.

Im Anschluss daran wird in Kapitel 4 auf die Merkmale und Phasen eines IT-Projektes eingegangen. Dabei wird insbesondere auf die Inhalte der dabei typischerweise erstellten Dokumente eingegangen welche dabei eine Möglichkeit zum Wissenstransfer bieten. Auch die Wissenstypen im Prozess des Wissenstransfers in IT – Projekten werden dargestellt. Der Autor nimmt dabei eine Einteilung der typischerweise zu erstellenden Dokumente nach der Norm nach denen diese Dokumente erstellt werden müssen und solche die nur dann erstellt werden müssen wenn sie zwischen dem Projektauftraggeber und – auftragnehmer vereinbart wurden. Da diese Dokumente daher ohnehin schon zu erstellen sind, werden diese auch analysiert ob sie für einen Wissenstransfer im Projekt oder aus dem Projekt geeignet erscheinen.

Danach wird in Kapitel 5 auf die Möglichkeit des Wissenstransfers unter Verwendung eines Dateisystems für die Projektdokumentation eines Unternehmens untersucht und im Vergleich dazu die Vor- und Nachteile erläutert die sich für den Wissenstransfer aus der Implementierung und Nutzung einer Wissensdatenbank für das projektabwickelnde Unternehmen ergeben.

Abschließend wird in Kapitel 6 das Ziel dieser Arbeit beantwortet indem eine Handlungsempfehlung abgegeben wird. Nach der Beantwortung der Forschungsfrage erfolgt noch eine Zusammenfassung und ein Ausblick.

2. Wissen

Um dem inneren Aufbau von Wissen näher zu kommen, ist es entscheidend, fundamental zwischen Daten, Informationen und Wissen zu unterscheiden, was in Kapitel 2.1 durchgeführt wird. Diese begrifflichen Unterschiede haben eine entscheidende praktische Bedeutung. Häufig übergeht die betriebliche Praxis die Klärung von begrifflichen Feinheiten mit negativen finanziellen Auswirkungen, wenn dann nämlich teure IT-Lösungen eingekauft werden, die nur Datenfriedhöfe produzieren.[6]

Jede theoretische und praktische Annäherung an das Thema Wissensmanagement oder Wissensdatenbank setzt sich daher mit dem Begriff „Wissen" auseinander oder versucht eine Definition des Begriffs „Wissen". Dabei lassen sich ganz klar zwei zentrale Themen ausmachen.

- Einerseits wird, durch eine Differenzierung zwischen den Konzepten „Daten", „Information" und „Wissen", ein schrittweiser Prozess der Generierung von Wissen impliziert, indem zwischen den Konzepten durch „qualitative Zusätze" wie Bedeutung und Kontext usw. Wissen sozusagen evolutionär entsteht. Eine gängige und anschauliche Darstellung erfolgt in dabei in Form der Wissenspyramide, welche in Kapitel 2.3.1 beschrieben wird. Am stärksten ausdifferenziert findet sich das Konzept der aufeinander aufbauenden Begriffe in der Wissenstreppe von Klaus North welche im Kapitel 2.3.2 Wissenstreppe behandelt wird.
- Andererseits wird durch die Definitionen verschiedener Wissensarten, oder verschiedener Dimensionen des Wissensbegriffs, auf deren Einfluss, auf die Generierung von Wissen geschlossen. Dieses Konzept wird in Kapitel 2.2 Wissensarten erörtert.

2.1 Wissensbegriffe

Umgangssprachlich werden die Begriffe Information, Daten, Nachrichten und Wissen häufig synonym verwendet. Es gibt jedoch Unterschiede: Information ist

---

[6] Vgl. Willke, H. (2007) S. 28

ein abstrakter Begriff, der das Wissen über ein Ereignis oder einen Tatbestand bezeichnet, während Daten und Nachricht die äußere Form, die Darstellung der Information ausmachen.[7]

„Wissen hat hinsichtlich seiner inneren Form einen dreistufigen Aufbau mit folgenden Komponenten:

- Daten: Sind der Rohstoff für das Wissen
- Informationen: Sind systemspezifisch aufbereitete Daten und damit Zwischenprodukte des Wissens
- Wissen: Ist die Veredelung von Information durch Praxis, weshalb Wissen die Praxis voraussetzt.“[8]

2.1.1 Daten

Daten sind beobachtete Unterschiede. Jedes Datum benötigt ein Beobachtungsinstrument mit dem Unterschiede registriert werden können. Die Kurse an den Wertpapierbörsen werden durch unterschiedliche Beobachtungsinstrumente in Datencharts für die Verbreitungsmedien, einschließlich des Internet, konvertiert. Erst ein Hörrohr verschafft dem Arzt Zugang zu den inneren Daten eines Patienten und ein Röntgenapparat erzeugt für den Beobachter Daten, die vorher nicht existent waren. Daten müssen in einer bestimmten Form codiert sein, damit sie im ersten Schritt existent werden und dann auch gelesen werden können. Für den Menschen geistig erkennbar bestehen nur drei mögliche Codierungsformen: Zahlen, Sprache oder Texte und Bilder. Sämtliche Informationen aus der Umwelt und insbesondere aus der Kommunikation mit Menschen die nicht in diese Codierungsformen gebracht werden können, sind als Datum nicht existent. Dies bedeutet beispielsweise, dass Informationen die in der nichtverbalen Kommunikation entstehen verloren gehen es sei denn sie können als Daten in Form von Zahlen, Sprache/Text oder Bilder gefasst werden.[9]

Die kleinsten Informationseinheiten sind Zeichen. Ein Zeichen ist ein Element aus einer zur Darstellung von Information vereinbarten endlichen Menge von

---

[7] Vgl. Anlauff, H. / Böttcher, A. / Ruckert, M. (2002) S. 9

[8] Willke, H. (2007) S. 28

[9] Vgl. Willke, H. (2007) S. 28f

verschiedenen Elementen, dem Zeichenvorrat. Beispiele für Zeichen sind Buchstaben, Ziffern, Farbpunkte von Bildern oder akustische Signale. Aus informationstechnischer Sicht handelt es sich bei einem Zeichen um die kleinste bei der Programmausführung zugreifbaren Einheit, dem Datenelementen.[10]

Es ist charakteristisch, dass die in den Daten vorkommenden Zeichen immer einer bestimmten Zeichenmenge angehören. Zahlen bestehen ausschließlich aus Ziffern, eventuell noch einem Dezimalpunkt und einem Vorzeichen. Texte wiederum bestehen nur aus Buchstaben und Satzzeichen, also dem, was umgangssprachliche das Alphabet genannt wird.[11] Ein Bild kann so gerastert werden, dass es danach aus diskreten Bildpunkten besteht. Bei Schwarz – Weiß – Zeichnungen ist jeder Bildpunkt entweder schwarz oder weiß und kann unmittelbar durch die Symbole 0 oder 1 codiert werden. Bei farbigen Zeichnungen lassen sich Farbe und deren Intensität durch Zahlen codieren. Sprache und Musik, also Schallereignisse, bestehen aus temporären Veränderungen des Schalldrucks. Hier werden die Zeit und der Schalldruck analogisiert oder gerastert und digitalisiert.[12]

Diese Überlegungen führen zu dem Schluss, dass es Daten an und für sich gar nicht gibt, sondern nur beobachtungsabhängige, als im Zuge der Beobachtung erzeugte oder konstruierte Daten. Bilder nehmen Zahlen und Texten eine überragende Stellung ein da sie besonders reichhaltige Möglichkeiten der Codierung bieten. Der Grund dafür dürfte darin liegen dass Menschen schon vor der Erfindung von Zahlen und Texten in Bildern gedacht und sich erinnert haben. Instrumente des Wissensmanagement nützen daher häufig die Möglichkeiten multimedialer Darstellung.[13]

Üblicherweise werden Organisationen und Personen mit irrelevanten und sinnlosen Daten überflutet. Für das Datenmanagement ist es daher von entscheidender Wichtigkeit Mechanismen und Routinen der Reduktion von

---

[10] Vgl. Hansen, H. R. / Neumann, G. (2007) S. 460

[11] Vgl. Rechenberg, P. (2000) S. 24

[12] Vgl. Rechenberg, P. (2000) S. 28

[13] Vgl. Willke, H. (2007) S. 30

Datenmengen und Datenkomplexität zu implementieren. Wir ertrinken in Ozeanen von Daten und verirren uns in endlosen Datenfriedhöfen.[14]

Andererseits können auch Personen, Projektorganisationen oder ganzen Organisationen wichtige Daten fehlen. Üblicherweise weist jede Organisation Felder auf, die für ihre Leistungsfähigkeit wichtig sind, zu für die sie aber keine Daten bereit hält da ihr die entsprechenden Beobachtungsinstrumente fehlen.[15]

2.1.2 Informationen

Aus Daten können Informationen entstehen wenn diese in einen ersten Kontext von Relevanzen eingebunden werden, die für eine Person oder Organisation gilt. Eine Information ist nach einer gängigen Definition „ein Unterschied der einen Unterschied macht". Damit ist Information also ein „bedeutsamer Unterschied", ein Unterschied der für jemanden eine Bedeutung hat. Bedeutsam ist ein Unterschied jedoch als Maßstab eines Kriteriums von Relevanz. Damit ergibt sich zwangsläufig dass jede Relevanz systemspezifisch ist und damit systemrelativ ist. Eine Information liegt daher nur dann vor, wenn das beobachtende System bestimmte Relevanzkriterien definiert hat mit deren Hilfe einem Datum eine bestimmte Relevanz zugeschrieben wird.[16]

Daten sind physisch auf einem Datenträger (z.B. Papier) verfügbar. Information ist der abstrakte Inhalt von Daten, der vom Empfänger durch Interpretation gewonnen wird.[17]

Willke beschreibt die Gewinnung von Informationen aus Daten sehr anschaulich: „Man kann sich die Arbeit der Herstellung von Informationen bildlich so vorstellen, dass ein Akteur sich ein Fischernetz bastelt, dessen Maschen und Muster aus Relevanzen und Gewichten, Prioritäten und Spezifizierungen gestrickt sind. Mit diesem Netz werden aus dem Ozean von Daten nur ganz spezifische herausgefiltert und selektiert, nämlich solche, die den Kriterien des Netzes entsprechen. In dieser Weise ermöglichen es Relevanzkriterien, die Komplexität

---

[14] Vgl. Willke, H. (2007) S. 30

[15] Vgl. Willke, H. (2007) S. 30

[16] Vgl. Willke, H. (2007) S. 31

[17] Vgl. Anlauff, H. / Böttcher, A. / Ruckert, M. (2002) S. 9

von Daten zu reduzieren und nur diejenigen Daten zu Informationen aufzuarbeiten, die für eine bestimmte Person oder eine Organisation von Bedeutung sind."[18]

Aus diesem Grund können Informationssysteme nur Daten speichern, aber niemals Informationen. Informationssysteme bieten aber die Möglichkeit, diese Daten so in einen Kontext zu stellen, dass Menschen sie leichter aufnehmen können. Erst durch den Prozess der Aufnahme entfaltet sich beim Aufnehmenden der Bedeutungsgehalt, es werden Informationen generiert.[19]

Daten sind damit potenzielle Träger von Information. Die Beschaffung und Aufbereitung von Information ist damit immer auch eine Beschaffung und Aufbereitung von Daten. Aus diesem Grund werden die Begriffe Datenverarbeitung und Informationsverarbeitung auch synonym verwendet.[20]

Der Unterschied zwischen Daten und Informationen tritt in der Praxis immer dann auf, wenn Berichte erstellt werden, mit denen letztendlich niemand etwas anfangen kann, oder wenn Daten erfasst und verwaltet werden, auf die niemand zugreift.[21]

Zusammenfassend lässt sich nochmals feststellen:
- Daten bezeichnen beobachtete Unterschiede
- Informationen bezeichnen relevante Unterschiede

Informationen bezeichnen für relevant gehaltene Unterschiede aus der Sicht eines jeweiligen Beobachters. Daher können auch verschiedene Systeme wie Personen, Projektteams, Abteilungen, Organisationen etc. aus denselben Daten völlig unterschiedliche Informationen generieren, je nachdem, welche Relevanzkriterien sie mit welcher Gewichtung berücksichtigen.[22]

---

[18] Willke, H. (2007) S. 31
[19] Vgl. Riempp, G. (2009) S. 62f
[20] Vgl. Bea, F. X. / Friedl, B. / Schweitzer, M. (2005) S. 343
[21] Vgl. Schmidt, G. (2002) S. 80
[22] Vgl. Willke, H. (2007) S. 31f

So können Daten auch verschiedene Informationen enthalten, die durch verschiedene Interpretationsmöglichkeiten mehrerer Personen oder auch durch ein und derselben Person entstehen können. Beispielsweise kann aus dem Satz „Ich komme morgen" keine eindeutige Information gewonnen werden, wenn dem Empfänger nicht das Datum des „heutigen" Tages bekannt ist.[23]

„Daten werden zu Informationen, wenn sie einen Filter aus Relevanzen durchlaufen, nach Relevanzkriterien ausgesiebt und dadurch mit Bedeutung aufgeladen werden."[24]

Zur Verdeutlichung des Zusammenspiels von Daten und Information kann auch die Semiotik (Lehre von den sprachlichen Zeichen, Sprachtheorie) herangezogen werden. Die Semiotik unterscheidet die folgenden drei Ebenen:[25]

- Pragmatik: Befasst sich mit dem Zweck und der Wirkung von Aussagen und somit deren Handlungs- und Verwendungsbezug (Wissen).
- Semantik: Befasst sich mit dem Bedeutungsgehalt von Zeichen und Zeichenmengen und daraus resultierenden Aussagen (Informationen)
- Syntaktik: Befasst sich mit den formalen Beziehungen zwischen den Zeichen (Daten)

In diesem Schema sind Daten der syntaktischen Ebene, Informationen der semantischen Ebene und Wissen der pragmatischen Ebene zuzuordnen.

Der Informationsaustausch geschieht ähnlich wie das ISO-Schichtenmodell bei der Übertragung von Informationen in Netzwerken. Der Sender erwartet beispielsweise, dass der Empfänger eine bestimmte Handlung ausführt (Ebene Pragmatik). Zunächst wird diese Handlung mit Bedeutung aufgeladen (Ebene Semantik), so dass er diese nun formalisieren kann (Ebene Syntax).[26] Hier werden Zeichen durch vorgegebene Ordnungssysteme (z.B. Code, Syntax) zu Daten. Komplexe Informationen können nicht durch ein Zeichen übertragen werden, sondern man benutzt hier mehrere Zeichen in einer sogenannten Zeichenfolge. Die

---

[23] Vgl. Anlauff, H. / Böttcher, A. / Ruckert, M. (2002) S. 9

[24] Willke, H. (2007) S. 32

[25] Vgl. Bea F. X. / Friedl B. / Schweitzer M. (2005) S. 344

[26] Fuchs-Kittowski, K. (2000) S. 19f

Zeichenfolge folgt den Regeln einer Grammatik: mehrere Zeichen formen sich zu Worten, Worte formen sich zu Sätze. Diese linguistischen Einheiten (Zeichen, Worte, Sätze) sind Platzhalter für Dinge, auf die sich der Sender einer Nachricht bezieht.[27] Als nächstes wird diese Formalisierung an den Empfänger geschickt (maschinell oder auch nicht-maschinell). Beim Empfänger der Nachricht findet dabei eine Rekonstruktion in umgekehrter Reihenfolge statt. Der Empfänger empfängt die Botschaft in Form von Daten auf der Ebene Syntax durch Beobachtung entgegen, weist ihr eine bestimmte Bedeutung zu (Ebene Semantik) und führt darauf hin möglicherweise die ursprünglich gewünschte Handlung aus (Ebene Pragmatik). Der Grund für eine Kapselung auf der untersten Ebene, der Syntax-Ebene, ist der, dass nur die Syntax-Ebene materiell erfassbar ist, z.B. in Form von Bytes oder Schriftzeichen. Semantik und Pragmatik hingegen sind immateriell und können auf ihrer jeweiligen Ebene nicht übertragen werden. Die Konvertierung von der Ebene der Pragmatik auf die Syntax-Ebene beim Sender und von der Ebene der Syntax wieder zurück zur Ebene Pragmatik beim Empfänger ist daher zwingend notwendig und wird stets, wenn auch üblicherweise unbewusst, durchgeführt.[28]

Was für die Kategorie der Daten in Kapitel 2.1.1 gesagt wurde gilt auch für die Kategorie der Informationen: Personen und Organisationen beklagen üblicherweise ein „zu viel" an relevanten Informationen. Deshalb müssen auch Informationen, so wie Daten, gefiltert und komprimiert werden mit dem Risiko, dass irrelevante oder nebensächliche Informationen selektiert werden und die wichtigen übersehen werden. Daraus ergibt sich dass die Auswahl von Informationen nach bestimmten Kriterien von entscheidender Bedeutung ist. Hierbei entscheidet sich, ob es in einem Unternehmen bei einer Informationssammlung bleibt oder ob es dem Unternehmen geling, ein Informationsmanagement zu einem Wissensmanagement auszubauen. Für die Praxis des Wissensmanagement ist der Teilbereich des Informationsmanagements also von entscheidender Bedeutung. [29]

---

[27] Vgl. Hansen, H. R. / Neumann, G. (2005a) S. 83f

[28] Fuchs-Kittowski, K. (2000) S. 19f

[29] Vgl. Willke, H. (2007) S. 32f

2.1.3 Nachrichten

In einem IT-Projekt benötigen Mitarbeiter Informationen um ihre Aufgaben erfüllen zu können. Beispielsweise benötigt ein Mitarbeiter der für das Design eines neuen Zahlungsprozesses zuständig ist eine ganze Fülle von Informationen: Wie funktioniert der derzeitige Zahlungsprozess, mit welchen Banken werden Geschäftsbeziehungen unterhalten, welche Zahlungsformate werden verwendet und sollen künftig verwendet werden, wie oft werden Dateien ausgetauscht, wie hoch sind die derzeitigen direkten Zahlungszuordnungen, wie viele Zahlungen können gar nicht zugeordnet werden, etc. Wenn der Mitarbeiter versucht sich darüber Informationen zu beschaffen kann, dann bedeuten diese in einem ersten Schritt Nachrichten. Allerdings sind nur ein Teil dieser Nachrichten auch Informationen, nämlich dann, wenn der Empfänger der Nachricht diese auch für seine Aufgabenerfüllung benötigt. Alle Teile einer Nachricht, die keinen Bezug zur Aufgabe haben, werden als Redundanz bezeichnet. Ob also Information oder Redundanz vorliegen, hängt somit von den Aufgaben des jeweiligen Stelleninhabers ab. Nur aus der Sicht der Aufgabe kann auch beurteilt werden, welche Informationen der Mitarbeiter tatsächlich benötigt.[30]

In der Informationstheorie werden solche Nachrichten als Daten bezeichnet, wenn sie[31]

- Speicherbar sind: Zahlen, Texte, Sprache und Grafiken sind speicherbar. Nicht speicherbar sind beispielsweise non-verbale Signale wie Gestik, Mimik oder auch Gerüche und Geschmäcker.
- Reproduziert werden können: An dieser Stelle können dieselben Beispiele verwendet werden. Eine Reproduktion einer non-verbalen Nachricht ist normalerweise nicht möglich da sie personen-, situations- und stimmungsabhängig ist.
- Verarbeitet werden können: Verarbeiten lassen sich nur solche Nachrichten, die zuvor in digitaler Form gespeichert worden sind und in dieser Form verändert werden können. Das ist der Fall bei Zahlen, Texte und Grafiken, nicht jedoch bei Sprache. Sprache kann in digitaler und

---

[30] Vgl. Schmidt, G. (2002) S. 78f
[31] Vgl. Schmidt, G. (2002) S. 79f

analoger Form gespeichert und reproduziert werden, nicht aber verdichtet, sortiert, addiert oder multipliziert.

Die folgende Grafik gibt eine Übersicht über die bisher behandelten Begriffe.

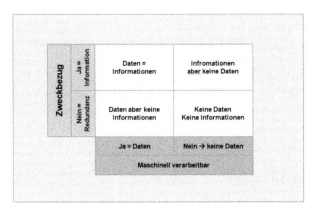

Abbildung 1: Nachrichten, Daten und Informationen[32]

2.1.4 Wissen

Willke führt bei Personen und Organisationen den Begriff „Wissen" über den Begriff „Information" hinaus: „Aus Informationen wird Wissen, wenn Informationen in einen zweiten Kontext von Relevanzen eingebunden werden. Dieser zweite Kontext besteht nicht, wie der erste, aus Relevanzkriterien, sondern aus bedeutsamen Erfahrungsmustern, die das System in einem speziell dafür erforderlichen Gedächtnis speichert und verfügbar hält. Wissen ist ohne Gedächtnis nicht möglich, aber nicht alles, was aus einem Gedächtnis hervorgeholt werden kann, ist Wissen."[33]

Sowohl die Entstehung als auch der Transfer von Wissen setzen einen geeigneten Erfahrungskontext, eine sogenannte „community of practice" voraus.[34] „Wissen

---

[32] Entnommen aus Schmidt, G. (2002) S. 80
[33] Willke, H. (2007) S. 33
[34] Vgl. Wenger, E. (1999) S. 1ff

bezeichnet die Gesamtheit der Kenntnisse und Fähigkeiten, die Individuen zur Lösung der Probleme einsetzt."[35] Wissen stützt sich dabei auf Informationen und diese wiederum auf Daten. Wissen und Informationen sind jedoch immer an Personen gebunden, Daten jedoch nicht.[36]

Wissen ist demnach eine Steigerungsform von Information, da es sich um mit bereits vorhandenem Wissen versehene Informationen handelt. Wissen wird durch Transformation von Informationen in Form von Interpretation generiert.[37]

Neues Wissen bei Personen und Organisationen entsteht, wenn Informationen in einen Praxiszusammenhang gebracht werden und sich daraus entweder eine neue Praxis ergibt oder die bestehende Praxis verändert wird. Unter Wissen kann daher eine auf Erfahrung gegründete kommunikativ konstruierte und konfirmierte Praxis verstanden werden.[38]

2.2 Wissensarten

Der Wissenswürfel gibt die Zusammenhänge unterschiedlicher Arten von Wissen.

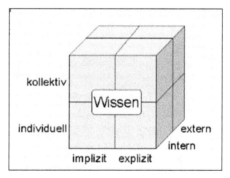

Abbildung 2 Wissenswürfel[39]

---

[35] Probst, G. J. B. / Raub, S. / Romhardt, K. (1998) S. 46

[36] Vgl. Doutreval, A. (2002) S. 18

[37] Vgl. Soukop, C. (2000) S. 198

[38] Vgl. Willke, H. (2007) S. 33

[39] Entnommen aus Mittelmann, A. (1999) S. 1

2.2.1 Implizites und explizites Wissen

Eine für das Wissensmanagement wesentliche Unterteilung des Wissens in *implizites* und *explizites* Wissen wurde von Michael Polanyi eingeführt.[40] Implizites Wissen wird solches Wissen genannt, das nicht bewusst angeeignet wird. Beispielsweise kann ein sechsjähriges Kind Radfahren und dies weder dass es sich bewusst wird dass es diese Fertigkeit besitzt noch dass es jemanden erklären könnte, was es genau macht um sich mit und auf dem Rad fortbewegen zu können. Ein erfahrener Mechaniker kann Motorprobleme exakt diagnostizieren, ohne zu wissen, wie er zu seiner Diagnose gekommen ist. Erstaunlicherweise muss eine Person die ein bestimmtes Wissen hat nicht zwingender weise auch wissen, dass sie dieses Wissen auch hat, und sie muss auch nicht zwingend erklären können, wie sie es kann, was sie kann.[41]

Implizites Wissen stellt jeweils das persönliche Wissen einer einzelnen Person dar welches auch sein Wertesystem und subjektiven Einsichten miteinschließt. Oft zeigt sich das implizite Wissen nur in habitualisierten (gewohnheitsmäßigen) Vorgehensweisen, die intuitiv und kontextsensitiv angewandt werden. Im Gegensatz zum expliziten Wissen ist es dem Wissensträger oft selbst nicht bewusst, dass er es besitzt. Das implizite Wissen kennt dabei zwei Dimensionen:

- Zum einen 'technische' Fertigkeiten, die mit dem Begriff "Know-How" in etwa beschrieben werden können.
- Zum anderen kognitive (also auf Erkenntnissen beruhende) Fertigkeiten, die unsere gegenwärtige Interpretation der realen Welt (was ist) und unsere Erwartungen an die Zukunft (was sein sollte) wiedergibt.

Aufgrund des subjektiven und intuitiven Charakters von impliziten Wissens kann eine systematischen und logischen Bearbeitung und Weitergabe von erworbenem Wissen nicht unmittelbar automatisiert werden. In jedem Fall ist Wissen an den Menschen gebunden und kann nicht auf Knopfdruck abgerufen werden.

---

[40] Vgl. Polanyi, M. (1958) S. 1ff

[41] Vgl. Willke, H. (2007) S. 35

Dementsprechend schwierig ist sein Transfer, der nur mittels Interaktion und persönlicher Kommunikation gelingen kann.[42]

Der Erwerb von implizitem Wissen wird Sozialisation genannt und erfolgt durch den Schüler in einer gemeinsamen Handlungspraxis mit dem Meister bzw. Lehrer. Der Wissensaustausch beruht auf einer gemeinsamen Praxis, auf dem der gemeinsame Erfahrungskontext beruht. Der Schüler beobachtet, ahmt nach und übt unter den Augen des Meisters, ohne dass der viel reden muss.[43]

Explizites Wissen ist ein Wissen welches folgende Charakteristika beinhaltet: [44]

• es ist ausgesprochen, formuliert und dokumentiertes und

• der Wissende weiß das er das Wissen hat und

• der Wissende kann sich über sein Wissen mündlich oder schriftlich äußern

Die Überführung von implizitem Wissen in explizites Wissen wird mit Menschen durchgeführt die das jeweilige Wissen haben. Dabei kann es vorkommen dass Menschen nicht fähig sind sich über ihr Wissen zu äußern. Es kommt auch vor dass Lehrer oder Ausbildner ihr implizites Wissen zwar erfolgreich an eine Schulklasse weitergeben können aber nicht fähig oder nicht willens sind dieses Wissen zu explizieren. Allerdings ist es für das Wissensmanagement in Organisationen von entscheidender Wichtigkeit dass Menschen willens und fähig sind, ihr implizites Wissen zu explizieren und damit zu dokumentieren damit dieses Wissen auch für andere zugänglich ist.[45]

Explizites Wissen liegt in artikulierter Form vor und ist offen zugänglich. Entscheiden für den Wissenstransfer ist auch dass es mittels Informations- und Kommunikationstechnologie verarbeitet und verbreitet werden kann.[46] Die Explizierung von Wissen wird idealerweise in Form von digitalen Daten gespeichert und kann somit einer beliebig großen Zahl von Personen im Unternehmen zugängig gemacht werden.

---

[42] Vgl. Auer, T. (2009) S. 12ff

[43] Vgl. Willke, H. (2007) S. 37

[44] Vgl. Willke, H. (2007) S. 35f

[45] Vgl. Willke, H. (2007) S. 35f

[46] Vgl. Auer, T. (2009) S. 12f

2.2.2 Individuelles und kollektive Wissen

„Wissen kann in individueller Form vorliegen und ist dann grundsätzlich an Personen gebunden. In kollektiver Form ist Wissen in den Prozessen, Routinen, Praktiken und Normen von Organisationseinheiten oder Arbeitsgruppen zu finden."[47]

„Die Gesamtheit des relevanten Wissensbestandes der einer Organisation auf individueller und kollektiver Ebene zur Verfügung steht, wird durch die organisationale Wissensbasis repräsentiert."[48]

Die organisationale Wissensbasis kann auch Datenbestände besitzen, also eine Datenbasis haben.[49] Dieser Auffassung wird in der vorliegenden Arbeit gefolgt, da in Kapitel 2.3.1 Daten als die Grundlage von Informationen und Wissen erkannt werden.

2.2.3 Internes und externes Wissen

„Wissen kann intern in der Organisation vorhanden sein oder extern bei Beratern oder Kooperationspartnern des Unternehmens lokalisiert sein."[50]

Häufig werden für die Planung und Durchführung von IT-Projekten sowie auch für die anschließende Wartung und Weiterentwicklung von ganzen Applikationen externe Berater herangezogen. Ist dies der Fall dann arbeiten die externen Berater mit den Fachabteilungen des beauftragenden Unternehmens zusammen wodurch es grundsätzlich zu einem Aufbau von externen und internen Wissen kommt.

2.2.4 Zusammenfassende Betrachtungen

Daraus ergeben sich folgende Zusammenhänge[51]:

- Ist das gleiche implizites Wissen bei mehreren Personen vorhanden, so spricht man von kollektivem Wissen

---

[47] Mittelmann, A. (1999) S. 1ff

[48] Pautzke, G. (1989) S. 63

[49] Vgl. Probst, G. J. B. / Raub, S. / Romhardt, K. (1998) S. 46ff

[50] Mittelmann, A. (1999) S. 1ff

[51] Vgl. Zepke, G. (2005) S. 5

- Ist explizites Wissen weil es unter Verschluss gehalten wird nur für eine Person erreichbar so spricht man von individuellem Wissen

- Individuelles Lernen und Reflektieren der Organisationsmitglieder führen nicht notwendigerweise zum Lernen der Gesamtorganisation, sondern behindern es paradoxerweise sogar manchmal.

Die Entscheidende Herausforderung des Wissensmanagement ist die Transformation von implizitem Wissen in explizites Wissen. Erst wenn dieser Prozess erfolgreich ist steht das Wissen für die gesamte Organisation zur Verfügung und nicht nur einzelnen Personen oder Personengruppen. Dabei kann das Wissen intern in der Organisation vorhanden sein oder aber auch extern bei Beratern oder Kooperationspartnern der Organisation. Das von einer Organisation benötigte Wissen muss also nicht in der Organisation selbst vorhanden sein, dies wird vor allem beim Outsourcen von ganzen Unternehmensfunktionen deutlich sichtbar.[52]

---

[52] Vgl. Zepke, G. (2005) S. 36

2.3 Generierung von Wissen

2.3.1 Wissenspyramide

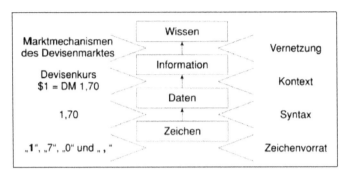

Abbildung 3: Die Beziehung der Ebenen der Begriffshierachien[53]

Anhaltspunkte für eine allgemeine Definition des Wissensbegriffs sind in der Unterscheidung der Elemente Zeichen, Daten, Information und Wissen, sowie in deren Beziehungsstrukturen zu finden. Demzufolge sind die genannten Elemente hierarchisch angeordnet zu sehen:[54]

- Zeichen sind kontextunabhängige Einzelelemente, also Buchstaben, Ziffern, Sonderzeichen etc. die aus einem definiertem Zeichenvorrat stammen (z.B.: „1", „=", usw.).

- Daten sind Zeichen, die in einem sinnvollen, syntaktischen Zusammenhang zueinander stehen, aber keinen Hinweis über ihre Verwendung enthalten. (z.B.: 1,70). Zeichen werden also gemäß einer bekannten Syntaxvorschrift zu Daten.

- Informationen: Wird den Daten ein bestimmter Zusammenhang zugeordnet, bzw. werden sie in einem Kontext zu einem Problem gesetzt, wird aus Daten Information. (z.B.: Devisenkurs 1 $ = 1,70 DM bedeutet dass es sich um einen Devisenkurs handelt in dem der Wert einer Währung in Relation zu einer anderen Währung angegeben wird.)

---

[53] Entnommen aus Probst, G. / Raub, S. / Romhardt, K. (1998) S. 36

[54] Vgl. Probst, G. / Raub, S. / Romhardt, K. (1998) S. 44

- <u>Wissen:</u> Wird die Information vernetzt und interpretiert, bzw. kann die Information in einem Handlungsumfeld genutzt werden, entsteht Wissen. (z.B.: Aus den Entwicklungen der Devisenkurse kann auf Marktmechanismen des Devisenmarktes geschlossen werden.)

Zusammenfassend lässt sich somit nochmals festhalten: Zeichen werden gemäß einer bekannten Syntaxvorschrift zu Daten. Daten werden in einem bestimmten Zusammenhang interpretierbar und somit zu Information. Wird diese Information vernetzt, und kann daraus eine bestimmte Nutzung in einem Handlungsumfeld erzielt werden, entsteht Wissen.

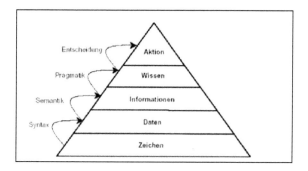

Abbildung 4: Wissenspyramide[55]

In Abbildung 4 wird die Transformation von Zeichen in Aktion in Form der Wissenspyramide nach Aamodt und Nygard nochmals dargestellt. Die Zwischenstufe der Entscheidung, die über Wissen zur Aktion führt wird im folgenden Kapitel 2.3.2 behandelt.

2.3.2 Wissenstreppe

Die Generierung von Wissen kann in der Wissenstreppe von North dargestellt werden. Dabei zeigt sich insbesondere auch dass das Generieren von „Wissen" kein Selbstzweck ist, sondern im betrieblichen Kontext eine Zwischenstufe zur Erlangung von Wettbewerbsfähigkeit einnimmt.

---

[55] Entnommen und abgeändert von Aamodt, A. / Nygard, M. (1995) S. 195

Abbildung 5 Wissenstreppe nach North[56]

Die Wissenstreppe von North folgt einem zweiteiligen Aufbau. Erst werden die Grundbegriffe „Daten", „Information" und „Wissen" aufeinander aufbauend eingeführt. Im zweiten Schritt werden verschiedene Stufen hinzugefügt, welche eine „qualitativ" aufeinander aufbauende Erweiterung von Wissen vorgeben.

Abbildung 5 veranschaulicht den Zusammenhang zwischen den einzelnen Ebenen der Begriffshierarchie. Die Ebenen Zeichen, Daten, Information und Wissen wurden bereits in Kapitel 2.1 ausführlich erörtert. Der Begriff des Wissens nimmt eine Sonderstellung in der Begriffshierarchie von North ein da darauf aufbauend noch weitere Stufen bis zum Ziel des Wettbewerbsvorteils erfolgen. Daher wird in der Folge mit dem Begriff des Wissens in der Stellung der Wissenstreppe in den folgenden Ausführungen begonnen.

Wissen: Informationen sind für den, der sie liest oder bekommt, nur dann interpretierbar, wenn er sie in seinen eigenen Erfahrungskontext einbinden, mit anderen Informationen vernetzen und so aus den Informationen Wissen generieren kann.[57] North führt als Definition für Wissen die Definition von Probst ein: "Wissen bezeichnet die Gesamtheit der Kenntnisse und Fähigkeiten, die Individuen zur Lösung von Problemen einsetzen. Dies umfasst sowohl theoretische Erkenntnisse als auch praktische Alltagsregeln und Handlungsanweisungen. Wissen stützt sich auf Daten und Informationen, ist im Gegensatz zu diesen jedoch immer an Personen gebunden. Es wird von Individuen konstruiert und repräsentiert deren Erwartungen über Ursache-Wirkungs-Zusammenhänge."[58]

---

[56] Entnommen aus North, K. (2005) S. 33

[57] Vgl. North, K. (2005) S. 33ff

[58] Probst, G. / Raub, S. / Romhardt, K. (1998) S. 44

In diesem Zitat liegen folgende für die Wissensdefinition entscheidende Definitionsgrundlagen:

- Wissen „stützt" sich auf Daten und Informationen, deshalb basiert Wissen auf diesen und steht in der Wissenstreppe über ihnen.
- Wissen ist an eine Person bzw. Gruppe von Personen (Organisation) gebunden, während Daten und Informationen davon unabhängig sind.

North führt seine Definition von Wissen weiter: „Wissen umfasst sowohl Fakten, als auch individuelles Erfahrungswissen. Wissen ist nicht beliebig übertragbar, da es immer an Personen gebunden ist, in einer bestimmten Situation entstand, d. h. kontextspezifisch ist, und von individuellen Erfahrungen geprägt ist. Daher kann keine "Wissensdatenbank" existieren. Es gibt nur "Datenbanken, die Teilbereiche von Wissen als Informationen ablegen", da Wissen die Gesamtheit der Kenntnisse, Fähigkeiten und Fertigkeiten, die Personen zur Problemlösung einsetzen, darstellt. Wissen ist heute entscheidender Wettbewerbsfaktor. Somit müssen die klassischen Produktionsfaktoren der Volks- und Betriebswirtschaftslehre um den Produktionsfaktor Wissen erweitert werden. Wissen besitzt hierbei die Besonderheit, dass es durch Gebrauch wertvoller wird."[59]

Können: North führt sein Konzept aber über den Wissensbegriff hinaus und sagt: „Wissen ist eigentlich nur dann relevant, wenn man es anwenden kann, wenn aus dem „Wissen Was" ein „Wissen Wie [Können]" wird. Wissen ist hierbei "der Prozess der zweckdienlichen Vernetzung von Informationen". D. h. Wissen ist das Resultat aus der Anwendung von Informationen bei einem bestimmten Problem."[60]

Handeln: Wenn eine Motivation vorhanden ist, wird Können in Handlungen umgesetzt die zu Ergebnissen führen. Erst bei der Transformation von Wissen in Handlungen erhält Wissen seinen eigentlichen Wert. Erst dann wird der Umgang einer Person, einer Gruppe oder einer Organisation mit Wissen sichtbar.[61]

---

[59] North, K. (2005) S. 33ff
[60] North, K. (2005) S. 33ff
[61] Vgl. North, K. (2005) S. 33ff

Kompetenz: Wenn dieses Handeln dann zu richtigen/guten Ergebnissen führt, kann man von Kompetenz im Umgang mit Wissen sprechen. Richtiges Handeln führt daher zu Kompetenz.[62]

Bewusste Kompetenz Lernmodell

In diesem Zusammenhang ist auch auf den Zusammenhang zwischen Kompetenz und dem Bewusstheitsgrad einer Person oder Organisation hinzuweisen welche im „bewussten Kompetenz Lernmodell" dargestellt werden kann. Dieses Modell wird auch als Lernquadrat oder Lernmatrix bezeichnet. Der Urheber des Modells ist nicht eindeutig bekannt, verschiedene Quellen nennen aber Herrn Noel Burch, welcher in den siebziger Jahren des vorigen Jahrhunderts als Mitarbeiter des Trainingsunternehmens Gordon Training International dieses Modell in seinen Trainingsunterlagen erstmals verwendet haben soll. Dieses heute im professionellen Trainingsumfeld häufig verwendete Modell wird oft irrtümlicherweise Albert Bandura zugeschrieben.[63] [64]

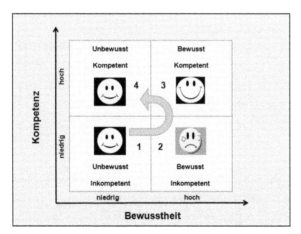

Abbildung 6: Lernmatrix[65]

---

[62] Vgl. North, K. (2005) S. 33ff

[63] Adams, L. (2011) S. 1

[64] Chapman, A. (2011) S. 1

[65] Abbildung in Anlehnung an Adams, L. (2011) S. 1

Die Entwicklung sämtlicher von Menschen entwickelter Kompetenzen erfolgt nach folgendem Entwicklungspfad:[66]

- Unbewusste Inkompetenz: Eine Person hat auf einem bestimmten Gebiet keine Kompetenz und ist sich dessen auch nicht bewusst. Als Beispiel wäre ein Kind zu nennen dass nicht Radfahren kann. Da das Kind noch nicht den Wunsch hatte diese Kompetenz zu erwerben, ist es auch diesbezüglich emotional ausgeglichen.

- Bewusste Inkompetenz: Die gleiche Person erkennt dass sie auf einem bestimmten Gebiet keine Kompetenz hat und möchte diese erwerben. Im genannten Beispiel sieht das Kind ein anderes Kind Radfahren und merkt dass es diese Fähigkeit nicht besitzt. Es tritt ein frustrierter Gemütszustand ein.

- Bewusste Kompetenz: Die Person erwirbt sich die Kompetenzen auf dem gewünschten Gebiet mit mehr oder weniger großen Anstrengungsgrad und unterschiedlichen Methoden. Im Beispiel kann das Kind nun Radfahren und ist sich am Ende des Lernprozesses auch darüber bewusst. Ein inneres Hochgefühl ist die Folge.

- Unbewusste Kompetenz: Die Person besitzt Kompetenz auf einem bestimmten Gebiet und ist sich dessen nicht oder nicht mehr bewusst. Im Beispiel wird aus dem Kind ein Erwachsener der sich der Kompetenz des Radfahrens nicht mehr bewusst ist. Emotional ist der Ausgangszustand wieder hergestellt, die Person ist bezüglich der Kompetenz auf dem Gebiet emotional ausgeglichen.

Wettbewerbsfähigkeit: Wenn Kompetenz oder Kompetenzen wiederum eine Person, eine Gruppe oder eine Organisation auszeichnen, so dass sie besser als andere ist, hat diese Organisation einen Wettbewerbsvorteil durch den Umgang mit ihrem Wissen. Erst die Einzigartigkeit der Kompetenz führt zu Wettbewerbsfähigkeit.[67]

---

[66] Adams, L. (2011) S. 1

[67] Vgl. North, K. (2005) S. 33ff

3. Wissensdatenbank

Nachfolgend soll in Kapitel 3.1 eine Definition und die Anforderungen an eine Wissensdatenbank vorgenommen werden. Danach wird in Kapitel 3.2 eine Systematisierung der Instrumente des Wissensmanagement vorgenommen um die Stellung der Wissensdatenbank darin deutlich zu machen. Es werden insbesondere die in der Praxis oft verwendeten IT-Instrumente und -methoden erläutert werden und auf ihre Bedeutung im Wissensmanagement bzw. Informationstransfer eingegangen. Darauf aufbauend werd in Kapitel 3.3 die typischen Bestandteile einer Wissensdatenbank beschrieben. In Kapitel 3.4 werden die Grundzüge, Funktionsweise und die Vorteile einer relationalen Datenbank erklärt welche als Basistechnologie der Wissensdatenbank dient.

3.1 Definition Wissensdatenbanken

Auer definiert eine Wissensdatenbank allgemein als ein elektronisches Hilfsmittel zur Speicherung von aktuellem Wissen. Dieses kann dabei in verschiedenen Formen erfasst werden. Autorisierte Mitarbeitende haben Zugriff auf die Wissensdatenbank und können kodifiziertes Wissen in Form von Daten eingeben, ändern, löschen und auffinden.[68]

In Wikipedia wird eine Wissensdatenbank folgenderweise definiert: „Eine Wissensdatenbank ist eine spezielle Datenbank für das Wissensmanagement. Sie stellt die Grundlage für die Sammlung von Informationen dar. Eine Wissensdatenbank enthält explizites Wissen in schriftlicher Form. Oft sind es Organisationen, die darin ihre Ideen, Problemlösungen, Artikel, Prozesse, White Papers, Benutzerhandbücher und das Qualitätsmanagementhandbuch für alle Berechtigten verfügbar machen. Eine Wissensdatenbank bedarf einer sorgfältig strukturierten Klassifizierung, einer Formatierung des Inhalts und benutzerfreundlicher Suchfunktionalität. Im Allgemeinen beschreibt eine Wissensdatenbank einen Teil eines Expertensystems, das Fakten und Regeln enthält, die zum Lösen von Unternehmensproblemen gebraucht werden. Ein Expertensystem könnte bspw. eine technische Supportfunktion sein, wobei die

---

[68] Vgl. Auer, T. (2007) S. 185

Wissensdatenbank eine durchsuchbare Sammlung von Fragen und Antworten darstellt. Wissensdatenbanken sind meistens relationale Datenbanken. Sie bestehen aus Objekten mit Strukturen, Feldern und Inhalten (Attributen) einerseits, und logischen Verknüpfungen, Beziehungen und zusätzliche Attributen andererseits, um den Anforderungen einer spezifischen Domäne gerecht zu werden. Die Inhalte sind Texte, Bilder, Ton- und Filmdokumente, aber auch strukturierte Daten."[69]

Aus diesen Ausführungen lässt sich meiner Meinung nach erkennen dass der Begriff Wissensdatenbank sehr allgemein definiert ist. Es müssen bestimmte Merkmale vorliegen damit von einer Wissensdatenbank gesprochen werden kann:

- Elektronische Speicherung (Eine Kartei auf Papierbasis würde dieses Merkmal nicht erfüllen)
- Datenbank (Eine Speicherung elektronischer Dokumente in einem Dateisystem ist daher keine Wissensdatenbank. Die Datenbank muss nicht zwingend eine relationale Datenbank sein)
- Benutzerfreundliche Suchfunktionalitäten (Abfragen durch Eingabe von SQL-Befehlen erfüllen diese Anforderung nicht)
- Es müssen sowohl strukturierte Daten als auch unstrukturierte Daten (Texte, Bilder, Ton- und Filmdokumente) abgespeichert werden können. (Eine klassische relationale Datenbank ist vor allem zum Speichern strukturierter Daten konzipiert, kann aber auch unstrukturierte Daten speichern)

Für die konkrete Ausgestaltung der Wissensdatenbank innerhalb dieses Rahmens bleibt ein hoher Freiheitsgrad, es werden sich daher die jeweiligen Implementierungen voneinander unterscheiden je nachdem welche Anforderungen jeweils zu erfüllen sind.

---

[69] Entnommen aus: http://de.wikipedia.org/wiki/Wissensdatenbank (Abgerufen am 01.02.2012)

3.2 Wissensdatenbanken im Wissensmanagement

Das Wissensmanagement nimmt theoretische und methodische Anleihen aus verwandten Disziplinen. Das Gleiche gilt auch für Wissensmanagementsysteme die häufig bestehende Systeme und Technologien integrieren.[70]

Viele Autoren benutzen eigens benannte Begriffe für die Wissensinstrumente, die entsprechenden Definitionen fehlen dabei oft. Dies erschwert einen Begriffs- und damit Wissensinstrumentenvergleich.[71]

Diese uneinheitliche Begriffsdefinition bei den Wissensinstrumenten gilt auch in Bezug auf die spezifischen IT-Tools, Werkzeuge und Systeme des Wissensmanagements. Auch die Wissensdatenbank wird uneinheitlich definiert, viele Autoren führen sie auch nicht oder nicht explizit als IT-Tool oder System auf. Im folgenden soll ein kurzer Überblick über die Instrumente des Wissensmanagement gegeben und in der Folge die Stellung der Wissensdatenbank darin skizziert werden.

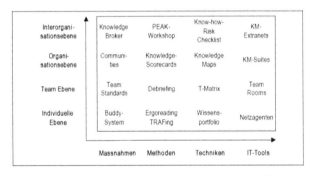

Abbildung 7: Instrumente des Wissensmanagements[72]

„Ein Wissensmanagement-Instrument liefert eine systematische Vorgehensweise zur Verbesserung des Umgangs mit Wissen auf der persönlichen, Gruppen- oder (Inter-) Organisationsebene."[73] Eppler benennt wie in der Abbildung 7 auf der

---

[70] Vgl. Lehner, F. (2009) S. 240

[71] Vgl. Romhardt, K. (1998) S. 8f

[72] Entnommen aus Eppler, M. J. (2000) o. S.

[73] Eppler, M. J. (2000) o. S.

horizontalen Achse ersichtlich bestimmte Instrumententypen je nach Konkretisierungsgrad, Gegenstandsbezogenheit und Materialität als Maßnahmen, Methoden, Techniken und IT-Tools.

Bezogen auf die verschiedenen Ebenen inner- oder außerhalb eines Unternehmens die in der Abbildung 7 auf der vertikalen Achse aufgetragen sind entsteht dadurch eine Matrix mit konkreten Wissensmanagement-Instrumenten, wie sie in jeweiligen Problemsituationen eingesetzt werden können. Wissensdatenbanken werden in der Einteilung von Eppler nicht angeführt. In seiner Systematik könnten Wissensdatenbanken auf der Organisationsebene als IT-Tool eingesetzt werden, er selber spricht in diesem Bereich von Knowledge - Management-Suites. Dieses Beispiel zeigt die uneinheitliche Begriffsvielfalt, die bei den Instrumenten des Wissensmanagement herrscht. Eine Wissensdatenbank für Projekte wird zwar im Zuge der Projektdurchführung von den Projektmitgliedern und damit auf „Team Ebene" gefüllt, der Wissenstransfer und damit die Nutzung des Wissens und damit die Erfüllung des Ziels (siehe Kapitel 5.3) des Wissenstransfer soll aber nicht nur innerhalb des Projektteams sondern auf der höheren „Organisationsebene" erfolgen.

Lehner unterteilt wie im oberen Teil der Abbildung 8 ersichtlich die Instrumente des Wissensmanagements in fünf Kategorien (Groupwaresysteme, Inhaltsorientierte Systeme, Systeme der künstlichen Intelligenz, Führungsinformationssystem, Sonstige Systeme) um die in der Literatur und Praxis anzutreffenden und mit dem Wissensmanagement in Verbindung gebrachten speziellen Instrumente, Technologien, Werkzeuge und Systeme in einen Bezugsrahmen setzen zu können. Dabei sind bei den einzelnen Instrumenten durchaus Überschneidungen nicht immer vermeidbar, da manche Funktionen eines Instrumentes in mehreren Kategorien benötigt werden oder die Systemproduzenten ein Interesse an einem möglichst breiten Einsatz ihrer Technologien haben. Alle Instrumente nutzen bestimmte Basistechnologien wie beispielsweise Datenbanken, Dateisysteme oder Office Systeme welche keine speziellen Technologien des Wissensmanagements sind.[74] Diese Basistechnologien wurden vom Autor in die Abbildung 8 eingefügt.

---

[74] Vgl. Lehner, F. (2009) S. 240f

Spezielle Technologien, Werkzeuge und Systeme des Wissensmanagement					
Groupwaresysteme	Inhaltsorientierte Systeme	Systeme der künstlichen Intelligenz	Führungsinformations- Systeme	Sonstige Systeme
• Kommunikations- systemen • Kollaborations- systeme • Workflow- systeme	• Dokumentenmanage- mentsysteme • Contentmanagement- systeme • Portalsysteme • Lernmanagement- systeme	• Expertensysteme • Agentensysteme • Text Mining Systeme	• Data Warehouse Systeme • OLAP - Systeme • Data Mining Systeme	• Suchdienste (Volltext, Index) • Visualisierungs- systeme

Basistechnologien des Wissensmanagement

- Datenspeicherung (Datenbanken, Dateisysteme)

- Netzwerktechnologien (Internet, Intranet)

- Office Systeme (zB MS Word, Excel)

Abbildung 8: Eigene Darstellung: Technologien, Werkzeuge und Systeme des Wissensmanagement[75]

In dieser Kategorisierung von Lehner ist wiederum die Wissensdatenbank nicht explizit aufgeführt. Die Wissensdatenbank setzt sich aus bestimmten IT-Tools und Systemen zusammen wobei die in Kapitel 3.1 definierten Merkmale und Systeme erfüllt sein bzw. vorhanden sein müssen. Jedenfalls muss eine Datenbank vorhanden sein, darüber hinaus erfüllen die einzelnen in Abbildung 8 angeführten speziellen IT Tools und Systeme teilweise einzeln und teilweise in Kombination die Anforderung einer Wissensdatenbank.

3.3 Dokumentenorientierte Wissensdatenbank

Für die vorliegende Arbeit wird das IT-Tool Dokumentenmanagement im Vordergrund stehen da bei der Planung und Durchführung von IT-Projekten fast ausschließlich Dokumente in unstrukturierter Form erstellt werden. Die dabei üblicherweise verwendeten Formate sind Textformat, Tabellenkalkulationsformat, PowerPoint–Format und PDF-Format.

---

[75] Entnommen und um die Basistechnologien erweitert aus Lehner, F. (2009):S. 241

Eng mit dem Dokumentenmanagement verbunden sind Systeme bzw. Technologien wie: [76]

- Contentmanagementsysteme
- Workflowsysteme
- Expertensysteme (Diese wurden bereits bei der Definition der Wissensdatenbank in Kapitel 3.1 erwähnt)

Diese Systeme bzw. Technologien waren bei ihrer Entstehung oft spezialisiert und konnten ihre Funktionalitäten nur isoliert ausführen. Mit zunehmendem Reifegrad wurden diese dann allerdings untereinander integriert.[77] Eine zeitgemäße Wissensdatenbank für das Projektmanagement wird zwar auf dem Dokumentenmanagement fundieren wohl aber auch Funktionalitäten der übrigen IT-Tools beinhalten.

3.3.1 Dokumentenmanagementsystem

Unter Dokumentenmanagement versteht man im Allgemeinen die datenbankgestützte Verwaltung von elektronischen Dokumenten. Im deutschen Sprachraum hat der Begriff „Dokument" einen konkreten Bezug zu papiergebundenen Schriftstücken welchen häufig auch hohe inhaltliche Qualität und eine rechtliche Bedeutung zugemessen wird. Im deutschen Sprachraum denke die Benutzer daher beim Begriff „Dokumentenmanagement" häufig zunächst an gescannte Schriftstücke und bewegen sich damit nur in einem Teilgebiet dieser Technik. Der Begriff „elektronisches Dokument" umfasst nämlich alle Arten von schwachstrukturierten oder unstrukturierten Informationen, die zusammengefasst als geschlossene Einheit in einem EDV-System in Form einer Datei vorliegen. Beim Inhalt des elektronischen Dokuments kann es sich um ein gescanntes Faksimile oder ein digital übermitteltes Fax handeln, aber auch um eine Datei aus einem Textverarbeitungsprogramm oder ein Datenbankauszug.[78]

Wie in der eigenen Darstellung in Abbildung 9 ersichtlich gibt es elektronische Dokumente welche aus dem Datenbankmanagementsystem (DMS) selbst erzeugt

---

[76] Vgl. Lehner, F. (2009) S. 248f

[77] Vgl. Lehner, F. (2009) S. 248f

[78] Entnommen aus: http://de.wikipedia.org/wiki/Dokumentenmanagement (Aufgerufen am 02.03.2012)

werden und solche die in das DMS übernommen werden. Die Übernahme von papiergebundenen Dokumenten in das DMS erfolgt durch das Einscannen mittels eines Scanners wobei während des Scanvorganges eine Datei erzeugt wird. Bei der Übernahme von Bild-, Video- und Tondateien wird auf Dateien zurückgegriffen welche in externen Systemen (Kamera, Videorecorder, etc.) bereits erstellt worden sind. Für die Erstellung von Wissensdatenbanken für IT-Projekte sind vor allem die mit office – Software erstellten Dateien von Bedeutung.

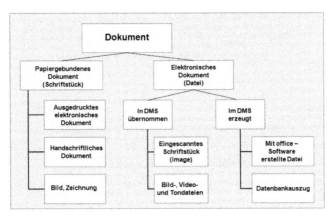

Abbildung 9: Eigene Darstellung: Dokumente in Datenbankmanagementsystemen[79]

Dokumentenmanagementsysteme sollen die Verwaltung von Dokumenten über ihren gesamten Lebenszyklus unterstützen.[80] Jedes Dokument durchläuft dabei von der ersten Arbeitsversion bis zu seiner endgültigen Version verschiedene Stufen. Die folgende Abbildung zeigt den typischen Lebenszyklus eines Dokumentes von dessen Erstellung über die Verwendung bis zum Löschen bzw. Sichern in einem Langzeitarchiv:[81]

---

[79] Erstellt auf Basis von http://de.wikipedia.org/wiki/Dokumentenmanagement (Aufgerufen am 02.03.2012)

[80] Vgl. Auer, T. (2007) S. 71

[81] Vgl. Reiss, M. / Reiss, G. (2010) S. 360

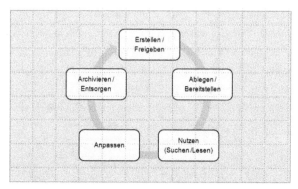

Abbildung 10: Dokumentenlebenszyklus[82]

3.3.2 Content Management Systeme

Dokumentenmanagementsysteme unterstützen die leicht zugängliche Präsentation der Inhalte gar nicht oder nur unzureichend. Content Management Systeme (CMS) gehen hier einen Schritt weiter und unterstützen die inhaltliche Aufbereitung der abgelegten Dokumente.[83] CMS unterstützen die Verwaltung von Inhalten für das Internet oder firmeninterne Intranet. Die Verwaltung erfolgt wie beim DMS ebenfalls entlang des Lebenszyklus der Dokumente. Um eine leistungsfähige Verwaltung aufzubauen erfolgt eine Trennung in Inhalt, Layout und Struktur, wobei alle 3 Teile zusammengenommen als „Content" bezeichnet werden. Mit dieser Technik der Dreiteilung des Contents kann der Inhalt auf verschiedenen Medien, welche beliebig verschiedene Layouts und Strukturen aufweisen können, veröffentlicht werden.[84]

3.3.3 Workflowmanagementsysteme

Workflowmanagementsysteme (WfMS) unterstützen allgemein die Abwicklung von Prozessen, indem sie automatisiert nach vordefinierten Regeln Dokumente, Informationen oder definierte Aufgaben zu den jeweiligen Bearbeitern an deren Computerarbeitsplätzen weiterleiten, entsprechend den jeweiligen

---

[82] Entnommen aus Reiss, M. / Reiss, G. (2010) S. 360

[83] Vgl. Hansen, H. R. / Neumann, G. (2005a) S. 454

[84] Vgl. Lehner, F. (2009) S. 250

Bearbeitungsschritt die notwendigen Daten und Anwendungen bereitstellen und Fisten und Ausnahmesituationen überwachen.[85]

Bei der Dokumentation von IT-Projekten können Workflows verwendet werden um die Verwaltung der zu bearbeitenden Dokumente im Lauf des Dokumentlebenszyklus zwischen den Beteiligten Benutzerrollen (siehe Kapitel 5.5.3) besser abstimmen zu können.

Im Wissensmanagement ist ein unmittelbarer Bezug zum organisatorischen Gedächtnis vorhanden, da Workflows als Konkretisierung von explizitem und implizitem Wissen verstanden werden können. Ein wichtiger Punkt für den Einsatz von WfMS ist die spätere Nachvollziehbarkeit des tatsächlichen Ablaufs. Die Überwachung und Kontrolle der durchzuführenden Aufgaben durch die bearbeitenden Personen erfolgt über Berichte und Datenaufzeichnungen. WfMS finden sich in der Praxis häufig in Kombination mit DMS oder CMS, wobei diese durch WfMS unterstützt werden können.[86]

3.4 Datenbank

In Kapitel 3.4.1 werden die Bestandteile einer Datenbank kurz erläutert. Anschließend wird in Kapitel 3.4.2 auf die gängige Vorgehensweise bei der Entwicklung eines Datenmodells eingegangen. Aufgrund ihrer weiten Verbreitung und Bedeutung wird das relationale Datenmodell in Kapitel 3.4.3 behandelt.

3.4.1 Bestandteile

Wenn umgangssprachlicher von einer „Datenbank" gesprochen wird, dann ist üblicherweise der Überbegriff „Datenbanksystem" gemeint.

Ein Datenbanksystem besteht im Wesentlichen aus folgenden Bestandteilen:

- einem Datenbankverwaltungssystem und
- einer Datenbank.

---

[85] Vgl. Hansen, H. R. / Neumann, G. (2005a) S. 447

[86] Vgl. Lehner, F. (2009) S. 246f

Dazu kommen noch zusätzliche Programme kommen, die die Bearbeitung, Verwaltung und Auswertung der gespeicherten Daten vereinfachen.[87]

3.4.1.1 Datenbankverwaltungssystem

Das Datenbankverwaltungssystem ist ein Softwaresystem zur Verwaltung eines Datenbestands, welches üblicherweise auch den gleichzeitigen Zugriff von mehreren Benutzern und Anwendungsprogrammen ermöglicht. Das Datenbankverwaltungssystem dient auch zur Administration der Daten des Datenbestandes selbst, wozu beispielsweise die Definition Attributen und deren Datentypen, die Festlegung von Zugriffsrechten usw. gehören. Während die Probleme der Datenspeicherung und des gleichzeitigen Zugriffs zentral durch das Datenbankverwaltungssystem gelöst werden, erfolgt die Verarbeitung und Auswertung der Daten durch Anwendungsprogramme, die über das Datenbanksystem auf die Daten zugreifen und diese verändern können.[88]

3.4.1.2 Datenbank

Eine Datenbank hat charakteristischerweise einen zentral gespeicherten Datenbestand, welcher über anwendungsunabhängige Zugriffsverfahren weitgehend auch zentral verwaltet wird. Damit eine Datenbank von mehreren Anwendungen genutzt werden kann, wird ein anwendungsübergreifendes Datenmodell festgelegt, das den betrachteten Realitätsausschnitt widerspiegelt. [89]

3.4.2 Datenmodell eines Datenbanksystems

Einer der ersten Tätigkeiten bei der Entwicklung eines Datenbanksystems ist der Entwurf eines Datenmodelles. Die Absicht der Datenbankmodellierung liegt darin, Objekte und Prozesse der realen Welt in Strukturen der Datenbank umzuwandeln. Eine der größten Herausforderungen dabei ist es, dass Datenbankdesigner, Anwendungsentwickler und Endanwender die nach der Inbetriebnahme der des

---

[87] Vgl. Hansen, H. R. / Neumann, G. (2007) S. 78

[88] Vgl. Hansen, H. R. / Neumann, G. (2007) S. 78

[89] Vgl. Hansen, H. R. / Neumann, G. (2007) S. 77

Datenbanksystems zu verwaltenden Daten jeweils unter anderen Gesichtspunkten sehen. [90]

Datenbanksysteme bestehen meistens aus drei Softwareschichten, welche in folgender Reihenfolge erstellt werden:[91]

- Mittlere Schicht
- Untere Schicht
- Obere Schicht

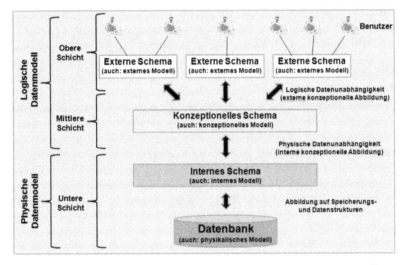

Abbildung 11: Dreischichtenmodell eines Datenbanksystems nach ANSI - SPARC[92]

Das Dreischichtenmodell hat das Ziel, die physische und logische Datenunabhängigkeit eines Datenbanksystems zu gewährleisten, wobei die Trennung der Anwendungsprogramme von der Datenhaltung im Vordergrund steht. [93]

- Physische Datenunabhängigkeit (oder Implementierungsunabhängigkeit): Ziel ist hierbei, die konzeptionelle Schicht von der für die Speicherung der

---

[90] Vgl. Geisler, F. (2009) S. 133

[91] Vgl. Rechenberg, P. (2000) S. 222f

[92] In Anlehnung an Hansen, H. R. / Neumann, G. (2005) S. 196 und Rechenberg, P. (2000) S. 222f

[93] Vgl. Hansen, H. R. / Neumann, G. (2005) S. 197

Daten gewählten Datenstruktur zu entkoppeln. Eine Veränderung der physischen Speicherstruktur verlangt somit keine Veränderung des Anwendungsprogramms und umgekehrt.

• Logische Datenunabhängigkeit (Anwendungsunabhängigkeit): Das Ziel liegt hierbei, das Datenbanksystem von Änderungen und Erweiterungen der Anwendungsschnittstellen zu entkoppeln und umgekehrt.

3.4.2.1 Mittlere Schicht

Diese nennt man auch das konzeptionelle Schema oder konzeptionelles Modell. [94]

Das konzeptionelle Schema ist das Ergebnis der Abbildung eines konzeptionellen Datenmodells in ein konkretes Datenmodell, da in einem bestimmten Datenbanksystem implementiert werden soll. [95] Dieser Prozess wird in der Folge skizziert:

A.) Konzeptionelles Datenmodell

Einer der ersten Tätigkeiten bei der Entwicklung eines Datenbanksystems ist der Entwurf eines konzeptionellen Datenmodelles. Die heute wichtigste und am weitesten verbreitete Beschreibungssprache für konzeptionelle Datenmodelle sind Entity- Relationship-Diagramme, die auf einem einfachen, zugrunde liegenden Datenmodell, dem Entity-Relationship-Modell (ER – Modell) beruhen. ER – Modelle bieten in der Form von ER – Diagramme eine leicht verständliche grafische Notation, die sowohl für Anwendungsexperten als auch Umsetzungsexperten gleichermaßen geeignet ist. Dabei sind ER-Modelle unabhängig von einem bestimmten Datenbankverwaltungssystem. Entitäten (z.B. die Person „Hermann Maier") wird in Form eines Entitätstyps (z.B. „Person") in einem Rechteck im ER-Diagramm eingezeichnet. Die für eine Anwendung relevanten Merkmale der Ausprägungen, wie zum Beispiel Name, Mitarbeiternummer, Geburtsjahr, etc. werden als Attribute der Entitätstypen bezeichnet und als Ovale im ER-Modell eingezeichnet. Ein weiteres wichtiges

---

[94] Vgl. Rechenberg, P. (2000) S. 222

[95] Hansen, H. R. / Neumann, G. (2005) S. 198

Konstruktionselement neben den Entitätstypen sind Beziehungstypen, die mögliche Beziehungen zwischen Entitäten definieren. Diese werden meist durch Zeitwörter benannt und im ER-Diagramm in Form von Rauten dargestellt.[96]

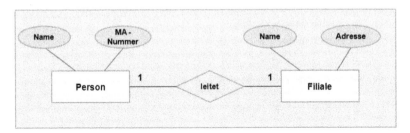

Abbildung 12: Einfaches ER – Diagramm mit Beziehungstyp[97]

Das bei der Entwicklung eines Informationssystems entworfene konzeptionelle Datenmodell beschreibt die Dateien und ihre Beziehungen untereinander, im Unterschied zur untern Schicht, in einer Hardware- und betriebssystemunabhängigen Weise. Damit trennt es den logischen Aufbau des Datenbanksystems von seiner programmierungstechnischen Verwirklichung. Beispielsweise wird der logische Aufbau der Sätze in den einzelnen Dateien beschreiben, aber die tatsächliche Anordnung der Satzteile, ihre Länge in Bytes und andere technische Einzelheiten werden nicht benannt. Am konzeptionellen Modell lässt sich ablesen, welche Arten von Informationen sich der Datenbank generell entnehmen lassen und den Weg, wie man zu ihnen gelangt. Auch diese Schicht ist dem Benutzer üblicherweise nicht zugänglich.[98]

B.) Konkretes Datenmodell

Für ein Datenbanksystem ist es erforderlich, das in der mittleren Schicht generierte konzeptionelle Datenmodell in ein konkretes Datenmodell umzuwandeln. Das konzeptionelle Schema hängt daher einerseits vom konzeptionellen Datenmodell und andererseits vom zu wählenden konkreten

---

[96] Vgl. Hansen, H. R. / Neumann, G. (2005) S. 187f

[97] In Anlehnung an Hansen, H. R. / Neumann, G. (2005) S. 188

[98] Vgl. Rechenberg, P. (2000) S. 222f

Datenmodell ab, das die Ausdrucksmittel des konzeptionellen Schemas bestimmt. Folgende vier konkrete Datenmodelle sind aufgrund ihrer Verbreitung am bedeutendsten und sind nach ihrer historisch-chronologischen Reihenfolge aufgeführt: [99]

- Hierarchische Datenmodell
- Netzwerkdatenmodell
- Relationale Datenmodell
- Objektorientierte Modell

Dem heutzutage am häufigsten verwendeten konkreten Datenmodell, dem relationalen Datenmodell, wird das Kapitel 3.4.3 gewidmet.

Die in diesem Kapitel dargestellten, sich am Entwicklungsprozess orientierende Modellabstufung und besonders auch die Bezeichnungen der Modelle werden in der Praxis nicht einheitlich angewendet und benannt. So werden in der Literatur, in Publikationen und im allgemeinen Sprachgebrauch häufig andere Begriffe verwendet; im Besonderen wird häufig nur der Begriff "Datenmodell" benutzt. [100] Auch der Begriff „konkrete Datenmodelle" wird häufig synonym mit dem Begriff „Datenbankmodell" verwendet.

Ein Datenbankmodell bzw. konkretes Datenmodell ist die theoretische Grundlage für eine Datenbank und bestimmt, auf welche Art und Weise Daten in einem Datenbanksystem gespeichert und bearbeitet werden können. Nach Edgar F. Codd definiert sich ein Datenbankmodell aus drei Eigenschaften:[101]

- Einer generischen Datenstruktur, die die Struktur einer Datenbank beschreibt. Beispiel: Eine relationale Datenbank besteht aus Relationen mit eindeutigen Namen, jede Relation ist eine Menge von Tupeln (Datensätzen) gleichen Typs. Die Struktur ist insofern generisch, als die Relationen und ihre Attribute (Spalten) beliebig gewählt werden können bzw. beim Einrichten der Datenbank angegeben werden müssen. Diese

---

[99] Vgl. Hansen, H. R. / Neumann, G. (2005) S. 198

[100] Entnommen aus: http://de.wikipedia.org/wiki/Datenmodell (Abgerufen am 01.02.2012)

[101] Entnommen aus: http://de.wikipedia.org/wiki/Datenbankmodell (Abgerufen am 01.02.2012)

anwendungsspezifischen Strukturen bilden den wichtigsten Teil des Schemas der Datenbank.

- Einer Menge von generischen Operatoren, die man bei beliebigen Schemata auf die Datenstrukturen unter 1. anwenden kann, um Daten einzutragen, zu ändern, abzufragen oder abzuleiten.

- Einer Menge von Integritätsbedingungen, mit denen man die zulässigen Datenbankinhalte über die Grundstrukturen unter 1. hinaus weiter einschränken kann. Beim relationalen Datenbankmodell kann z.b. jedes Attribut einer Relation als eindeutig bestimmt werden; dann dürfen nicht zwei Tupel dieser Relation den gleichen Wert in diesem Attribut haben. Veränderungen in der Datenbank, die Integritätsbedingungen verletzen würden, werden mit einer Fehlermeldung zurückgewiesen

3.4.2.2   Untere Schicht

Nachdem das konzeptionelle Modell erstellt wurde muss dieses in das interne Modell übergeführt werden.[102]

Die untere Schicht arbeitet direkt mit Daten und Dateien. Sie ist abhängig vom Betriebssystem und von der Hardware. Die logische Struktur der Dateien und ihrer Beziehungen zueinander in dieser Schicht werden als internes Schema, interne Sicht oder internes Modell des Datenbanksystems bezeichnet. [103] [104]

3.4.2.3   Obere Schicht

Die obere Schicht nennt man auch das externe Schema oder externe Modell.

Die obere Schicht basiert auf dem externen Modell und damit letztendlich ebenfalls auf dem konzeptionellen Modell. Aufgrund der Tatsache, dass ein Unternehmen meist in mehrere Unternehmensbereiche oder Abteilungen aufgeteilt ist erkennt man das übliche Geschäftsanwendungen meist sehr fokussiert sind: Während sich die Einkaufsabteilung mit der Beschaffung von Waren beschäftigt, verwaltet die

---

[102] Vgl. Geisler, F. (2009) S. 137

[103] Vgl. Rechenberg, P. (2000) S. 222

[104] Vgl. Hansen, H. R. / Neumann, G. (2007) S. 77ff

Personalabteilung die Mitarbeiter des Unternehmens. Diese spezifischen Aufgaben können als Prozesse mit Hilfe von Datenstrukturen nachgebildet werden.[105]

Das interne Datenmodell kann daher in mehreren Fassungen existieren und beschreibt die Datenbank aus der Sicht bestimmter Benutzergruppen. Üblicherweise benötigt ein Benutzer nicht den Zugriff auf alle im konzeptionellen Modell definierten Datentypen sowie Daten und Verknüpfungsmöglichkeiten der Datenbank. Das externe Modell stellt damit eine eingeschränkte, auf einen bestimmten Benutzerkreis zugeschnittene Sicht der Datenbank dar.[106]

Folgende Vorteile ergeben sich wenn das externe Modell erstellt wird:[107]

- Mithilfe des externen Modells wird es möglich, das interne Modell, welches die gesamte Datenbank darstellt, bedarfsgerecht in kleinere Einheiten aufzuteilen. Wenn eine Anwendung entwickelt werden soll die eine bestimmte Funktionalität innerhalb der Datenbank ausführen soll, so muss diese Anwendung nicht alle in der Datenbank vorhandenen Tabellen und Beziehungen kennen, sondern nur die zur Durchführung der jeweiligen Funktionalität.

- Die genannte Unterteilung unterstützt auch die Anwendungsentwickler dahingehend, dass

  - sie sich nur mit dem Teil der Datenbank beschäftigen müssen, der zur Entwicklung der Funktionalität benötigt werden

  - sie an mehreren verschiedenen Anwendungen gleichzeitig arbeiten können

- Das externe Modell liefert einen hervorragenden Test, ob das ursprüngliche konzeptionelle Modell der Datenbank richtig und vollständig ist.. Wenn ein bestimmter Prozess mit Hilfe der im internen Modell vorhandenen Entitäten im externen Modell nicht dargestellt werden kann, so muss das konzeptionelle Modell überarbeitet werden.

- Mit Hilfe des externen Modells können Benutzerberechtigungen evaluiert werden.

---

[105] Vgl. Geisler, F. (2009) S. 138

[106] Vgl. Rechenberg, P. (2000) S. 222f

[107] Vgl. Geisler, F. (2009) S. 139

3.4.3 Relationales Datenmodell

Im Hinblick auf den Titel dieser Arbeit (eine Wissensdatenbank wird in der Regel mithilfe des relationalen Modells dargestellt) soll das relationale Schema, welches wie bereits erwähnt meist über das Entity Relationship Modell modelliert wird, kurz erläutert werden.

Das Grundelement des relationalen Datenmodells ist die Relation oder genauer gesagt, das Relationsschema. Jede Relation besitzt einen Namen und enthält Arttribute. Die entsprechenden Werte werden in Tabellen gespeichert, wobei jede Spalte der Tabelle die Werte für ein bestimmtes Attribut und jede Zeile (Tupel) zusammengehörige Werte für eine Ausprägung repräsentiert. Der Name der Tabelle entspricht auch dem Namen der Relation. Alle Relationen eines Anwendungsbereichs gemeinsam bilden das relationale Schema.[108]

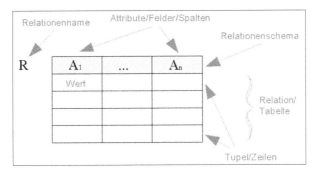

Abbildung 13: Begriffe relationaler Datenbanken[109]

Alle Attributwerte einer Spalte besitzen den gleichen Datentyp. Es ist nicht möglich dass dasselbe Attribut in zwei verschiedenen Zeilen in der einen Zeile einen Text und in der anderen Zeile eine Zahl enthält. Ein Datentyp stellt den Wertebereich dar, den die Werte eines Attributs annehmen können. Üblicherweise werden Datentypen für Texte, Zahlen und Datumswerte verwendet. Eine besondere Rolle spielen Datentypen vom Typ CLOB (Character Large Object) und

---

[108] Vgl. Hansen, H. R. / Neumann, G. (2005a) S. 199

[109] Entnommen aus: http://de.wikipedia.org/wiki/Relationale_Datenbank (Abgerufen am 20.08.2011)

BLOB (Binary Large Object), da sie quasi beliebige Elemente wie formatierte Dokumente sowie gleichzeitig Ton- Bild- und Video-Daten etc. aufnehmen können.[110]

In einer Datenbank sind BLOBs Objekte beziehungsweise Felddaten welche nicht weiter strukturiert worden sind. Einige Datenbanken gestatten, dass die Datentypen große Datenmengen, quasi komplette Dateien, in den Feldern abspeichern können. Character Large Objects (CLOB oder Text) ähneln BLOBs, enthalten jedoch Zeichenketten.[111] CLOBs eignen sich gut zur Speicherung von XML-Daten in einer Datenbank.[112] Vor allem die Speicherung eines formatierten Dokumentes in einem Feld mit dem Datentyp CLOB ist für die Erstellung von Wissensdatenbanken von Bedeutung.

Das relationale Datenmodell definiert anwendungsunabhängige Operationen, die auf Tabellen operieren. Die Ergebnisse dieser relationalen Operationen sind jedoch wieder Tabellen, sodass auf uniforme Weise die Operationen beliebig verschachtelt werden können. Die wichtigsten relationalen Operationen sind: [113]

- Selektion: Auswahl einer Untermenge alle Zeilen (Tupel) aus der Tabelle (Relation)
- Projektion: Auswahl einer Untermenge der Attribute (Spalten) einer Tabelle (Relation)
- Verbund: Verknüpfung von Tabellen anhand selektierter Attribute

Die folgende Abbildung 14 zeigt ein Beispiel für einen Verbund. Für einen Verbund sind zwei Tabellen notwendig, aus denen eine Ergebnistabelle generiert wird. Das Attribut „Dokumentenklasse" ist in beiden Ausgangstabellen enthalten. Die Ergebnistabelle enthält alle Attribute der Ausgangstabellen. Die Tupel der Ergebnistabelle ergeben sich aus den Attributwerten der Ausgangstabellen in

---

[110] Vgl. Riempp, G. (2004) S. 57

[111] Vgl. http://de.wikipedia.org/wiki/Binary_Large_Object (Abgerufen am 13.02.2012)

[112] http://de.wikipedia.org/wiki/CLOB (Abgerufen am 13.02.2012)

[113] Vgl. Hansen, H. R. / Neumann, G. (2005a) S. 200

jenen Zeilen, in denen das Verbundattribut (hier: Dokumentenklasse) den gleichen Wert besitzt.[114]

Ausgangstabellen

Tabelle "Metadaten"

[illegible]	[illegible]	[illegible]
D001	Streckengeschäft	D1
D002	Neuer Kontenplan	D1
D003	Neuer Kontenplan	D6
D004	Streckengeschäft	D2
D005	Streckengeschäft	D7
D006	Streckengeschäft	D5

Tabelle "Dokumentenklassen"

[illegible]	[illegible]
D1	Lastenheft
D2	Pflichtenheft
D3	Spezifikation
D4	Testdokumentation
D5	Lessons Learned
D6	Projektmanagement

Ergebnistabelle

[illegible]	[illegible]	[illegible]	[illegible]
D001	Streckengeschäft	D1	Lastenheft
D002	Neuer Kontenplan	D1	Lastenheft
D003	Neuer Kontenplan	D6	Projektmanagement
D004	Streckengeschäft	D2	Pflichtenheft
D006	Streckengeschäft	D5	Lessons Learned

Abbildung 14: Beispiel für einen Verbund von zwei Tabellen[115]

[114] Vgl. Hansen, H. R. / Neumann, G. (2005a) S. 200

[115] Entnommen und geringfügig adaptiert aus Hansen, H. R. / Neumann, G. (2005a) S. 202

4. IT - Projekt

Funktionale Organisationen hatten in Zeiten überschaubarer Märkte, hoher Marktstabilität, langer Produktlebenszyklen, stabiler Technologien und großer Stückzahlen ihre Berechtigung. In der Gegenwart bereitet es jedoch erhebliche Schwierigkeiten, flexibel auf die sich schnell verändernden Märkte, Kundenbedürfnisse und Technologien zu reagieren.[116]

Darüber hinaus können viele Aufgaben- und Problemstellungen in Unternehmen heute nicht mehr abteilungsintern gelöst werden sondern nur noch fach- und bereichsübergreifend. Aus diesem Grund führen Unternehmen heute große und kleine Vorhaben in Form von Projekten durch.[117]

Im folgenden Kapitel 4.1 wird eine allgemeine Definition des Begriffes „Projekt" durchgeführt und die Merkmale eines Projektes skizziert. Im darauffolgenden Kapitel 4.2 eine Eingrenzung auf IT-Projekte vorgenommen da diese Gegenstand der Arbeit sind. Die Betrachtungsobjekte des Projektmanagements in Kapitel 4.3 zeigen in welchem Spannungsverhältnis sich der Wissenstransfer in Projekten einbettet. Daran anschließend erfolgt in Kapitel 4.4 die Beschreibung der für Projekte charakteristischen Wissenstypen. Kapitel 4.5 widmet sich dem Ablauf eines typischen IT-Projektes samt den dabei anfallenden Projektdokumentation welche als Basis für den Wissenstransfer genutzt werden kann.

4.1 Projektdefinition und Projektmerkmale allgemein

Es existiert eine Vielzahl an Definitionen zum Begriff „Projekt", welche alle auf unterschiedliche Art und Weise die Kriterien beschreiben, ob und wann es sich bei einem konkreten Vorhaben um ein Projekt handelt.

Aus etymologischer Sicht lässt sich der Begriff „Projekt" auf das lateinische Verb „proicere" rückbeziehen. Die beiden Komponenten ‚pro' (vorwärts) und „jacere"

---

[116] Vgl. Schmelzer, H. J. / Sesselmann, W. (2002) S. 53f

[117] Vgl. Boy, J. / Dudek, C. / Kuschel, S. (2000) S. 13

(werfen), lassen sich sinngemäß in etwa übersetzen mit „eine Sache vorantreiben".[118]

Die allgemeine Definition eines Projektes in dieser Arbeit richtet sich nach der DIN – Norm. Nach DIN 69901 ist ein Projekt folgendermaßen definiert:

„Ein Projekt ist ein Vorhaben, das im Wesentlichen durch Einmaligkeit der Bedingungen und ihrer Gesamtheit gekennzeichnet ist, wie z.B.

- Zielvorgabe
- Zeitliche, finanzielle, personelle oder andere Begrenzungen
- Abgrenzung gegenüber anderen Vorhaben
- Projektspezifische Organisation
- Komplexes Vorhaben"[119]

Folgende Abbildung gibt einen weitergehenden Überblick über mögliche Merkmale eines Projektes:

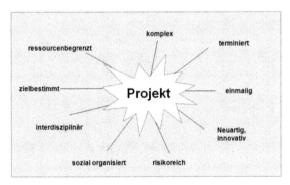

Abbildung 15: Projektmerkmale[120]

Komplex

Im Gegensatz zu Routineaufgaben benötigen Projekte zur Durchführung ein komplexes Zusammenspiel verschiedenster Bereiche und sind von voneinander abhängigen, zusammenwirkenden Aufgaben gekennzeichnet.[121]

---

[118] Vgl. Schindler, M. (2002):S. 19

[119] DIN e.V. – Hrsg. (2009) S. 5

[120] Entnommen und geringfügig angepasst aus Puchhammer, M. (2008) S. 9

Diese Eigenkomplexität eines Projektes ergibt sich zwangsläufig aus der Komplexität der Aufgabenstellung. Luhmann definiert diese Komplexität, bezogen auf das sozialen Systeme bestehend aus den beteiligten Projektmitarbeitern, als die Gesamtheit der möglichen eintretenden Ereignisse.[122] Der Begriff Komplexität beschreibt dabei niemals einen statischen Zustand eines Systems sondern beschreibt in einer dynamisch Sichtweise die Relation zwischen System und Umwelt.[123]

Der Grad der Komplexität im Projekt bedeutet das Ausmaß der Verschiedenartigkeit der Teilaufgaben einer Aufgabe im Projekt. Dieses Ausmaß kennt unendlich viele Ausprägungen.[124]

Daher ist es unmöglich alle möglichen eintretbaren Ereignisse im Projektablauf vorab zu ermitteln, da das System Projekt in einer sich ständig wechselnden Interaktion mit seiner Umwelt steht. Als Folge dieser immanenten Komplexität gelten Projekte als besonders wissensintensiv.[125]

Das Projektmerkmal Komplexität ist daher von besonderer Wichtigkeit für die vorlegende Arbeit da für die Bewältigung der Komplexität in Projekten Wissen erforderlich ist. Hier liegt die Ursache der Bedeutung des Wissensmanagement in Projekten.

Die weiteren Projektmerkmale skizzieren sich wie folgt: [126]

- Terminiert: Projekte sind gekennzeichnet mit einem Anfangs- und Endtermin. Es ist Aufgabe des Projektmanagements für die Einhaltung der Termine und Zwischentermine (Meilensteine) zu sorgen.
- Einmalig: Projekte grenzen sich gegenüber Routineaufgaben durch ihre Einmaligkeit ab indem sie Ergebnisse das erste Mal in einer bestimmten Form auf eine bestimmte Art und Weise schaffen.

---

[121] Vgl. Puchhammer, M (2008) S. 9
[122] Vgl. Luhmann, N. (1987) S. 1ff
[123] Vgl. Luhmann, N.(1971):S. 115
[124] Vgl. Beck, T. (1996) S. 57
[125] Vgl. Starbuck, W. H. (1992) S. 715
[126] Vgl. Puchhammer, M. (2008) S. 10

- Neuartig, Innovativ: Projekte benötigen viele Zwischenschritte und benötigte Ergebnisse sowie die Wege dorthin sind zu Beginn noch nicht oder nicht vollständig bekannt.
- Risikoreich: Die Neuartigkeit und Komplexität beinhaltet viele potenzielle Schwierigkeiten, sodass Projekte durch Risiken geprägt sind welche durch das Projektmanagement entsprechend zu berücksichtigen ist.
- Sozial organisiert: Projekte finden in den meisten Fällen außerhalb der normalen Linienorganisation in Unternehmen statt, weil sie unterschiedliches Know How benötigen und weil die beteiligten Personen ihre ursprünglichen Aufgaben in der Linienorganisation nicht mehr oder nicht mehr in vollem Umfang erfüllen müssen und damit Zeit haben sich intensiv auf die Projektinhalte und -aufgaben zu widmen.
- Interdisziplinär: Projekte finden abteilungsübergreifend statt.
- Zielbestimmt: Projekte haben ein konkretes, zu erreichendes Ziel. Erst die Zielerreichung bestimmt, ob das Projekt erfolgreich beendet wurde.
- Ressourcenbegrenzt: Für die Projektdurchführung stehen nur beschränkte Ressourcen in Form von Personen, Maschinen und finanziellen Mitteln zur Verfügung.

In der vorliegenden Arbeit wird insbesondere das Merkmal der Einmaligkeit als bedeutend erachtet für die Nutzbarkeit und Nutzbarmachung von Erfahrungswissen (siehe Kapitel 2.1.4 und 4.5.3.5) ist.

Das oben angeführte Merkmal der Terminiertheit eines Projektes ist nicht das dominierende Merkmal für den Transfer von Erfahrungswissen, sondern die Relevanz die einem laufendem Projekt für Folgeprojekte beigemessen wird. Ein Projekt alleine sollte nicht als ein in sich abgeschlossenes Konstrukt betrachtet werden, das nach dem Abschluss wieder in Vergessenheit gerät. Dies gilt insbesondere dann wenn man Erfahrungswissen als bedeutende Ressource im Zusammenhang mit dem Wissensmanagement und Wissenstransfer auf Folgeprojekte erachtet. So betrachtet ist der Zielerreichungsgrad eines Projektes auch von der Reflexion und dem Transfer des Gelernten abhängig.[127]

---

[127] Vgl. Müller, H. (2008) S. 10

4.2 Definition IT - Projekt

Grundsätzlich können Projekte in unterschiedliche Projektarten eingeteilt werden:

- Investitionsprojekte
- Forschungs- und Entwicklungsprojekte
- Organisationsprojekte
- IT-Projekte

Die Projektart hat Auswirkung auf die Gliederung der Projektphasen, so unterscheidet sich beispielsweise der Ablauf eines Investitionsprojektes das die Errichtung eines Rechenzentrums zum Ziel hat erheblich vom Ablauf eines Projektes zur Implementierung einer neuen ERP Software.[128]

Bei einem IT-Projekt handelt es sich um eine temporäre Organisationsform zur Entwicklung und zum Aufbau von Applikationen, Datenbanken, organisatorischen Lösungen, Hardware, Systemplattformen oder sonstigen IT-Lösungen.[129]

In neueren Auffassungen wird auch beschrieben dass der Softwareentwicklungsprozess nicht losgelöst von, sondern im Gegenteil, die Analyse und das Design von Geschäftsprozessen mit umfassen soll. Damit erweitert sich der Begriff „IT-Projekt" da in diesem Fall auch ein betriebswirtschaftlicher Nutzen auch im Ziel des IT-Projektes enthalten sein wird. Damit dieses betriebswirtschaftliche Ziel auch erreicht werden kann, muss ein IT-Projekt über die klassischen Tätigkeiten hinaus auch die Reorganisation einer Unternehmensorganisation umfassen können. In der Realisierungsphase des IT-Projektes muss die Implementierung der geplante Softwarelösung dann zusammen mit der Umstellung der Unternehmensorganisation ermöglicht werden. Aus dieser Perspektive betrachtet steht nicht ausschließlich die Entwicklung eines Systems im Vordergrund, sondern der Fokus erweitert sich und liegt auf der gegenseitigen Beeinflussung zwischen den zu gestaltenden Geschäftsprozessen und deren Unterstützung durch die Datenverarbeitung.[130] Diesem weiter gefassten Begriff des IT-Projektes wird in der vorliegenden Arbeit gefolgt.

---

[128] Vgl. Reiss M. / Reiss G. (2010) S. 247

[129] Jenny, B. (2001) S. 57

[130] Vgl. Balzert, H. (1998) S. 109

4.3 Betrachtungsobjekte des Projektmanagements

Üblicherweise sind Betrachtungsobjekte des Projektmanagements:

- Leistungsumfang und Qualität
- Termine
- Kosten und Ressourcen

Die Betrachtungsobjekte sind, wie der Name „Betrachtung" impliziert, eine vereinfachte Sicht auf die in Kapitel 4.1 angeführten Projektmerkmale. Die Aufgabe des Projektmanagements besteht bei dieser Sichtweise darin, diese drei Betrachtungsobjekte in allen Projektphasen ständig gegeneinander abzustimmen. Eine Abstimmung ist deswegen notwendig, weil die drei Betrachtungsobjekte ständig aufeinander einwirken. [131]

Die Zusammenhänge zwischen diesen Betrachtungsobjekten werden im sogenannten „Magischen Dreieck" des Projektmanagements abgebildet.[132]

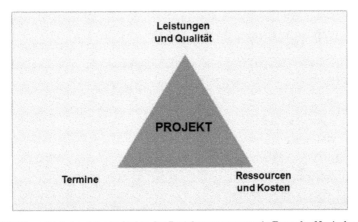

Abbildung 16: Betrachtungsobjekte des Projektmanagements in Form des Magischen Dreiecks[133]

---

[131] Vgl. Puchhammer, M. (2008) S. 11

[132] Vgl. Gareis, R. (2003):S. 69

[133] Entnommen und geringfügig adaptiert aus Gareis, R. (2003):S. 69

Folgende Effekte sind dabei zu beobachten:

- Verkürzen des Endtermins: Soll in einem Projekt der Endtermin vorgezogen werden, dann ist dies nur möglich wenn mehr Ressourcen herbeigezogen werden und bzw. oder wenn der Leistungsumfang bzw. die Qualität verringert wird.

- Reduktion der Ressourcen: Sollen in einem Projekt die Anzahl der Projektmitglieder reduziert werden, dann wird dies nur möglich sein wenn sich entweder der Endtermin nach hinten verschiebt und bzw. oder wenn der Projektumfang reduziert wird.

- Vergrößern des Leistungsumfanges: Soll in einem Projekt der Leistungsumfang erhöht werden, dann wird dies nur möglich sein wenn sich entweder der Endtermin nach hinten verschiebt und bzw. oder wenn die Anzahl der Projektmitglieder erhöht wird.

Wissensmanagement und Wissenstransfer haben nun die Aufgabe indirekt auf die Betrachtungsobjekte einzuwirken wie im folgenden Kapitel 5.3 beschrieben.

4.4 Wissenstypen im Projekt

Das in einem Unternehmen relevante Projektwissen lässt sich anhand des Zeitbezuges und dem jeweiligen Blickwinkel in drei Typen differenzieren: [134]

- Wissen im Projekt
- Wissen über das Projekt
- Wissen aus dem Projekt

Wissen im Projekt

Bei Wissen im Projekt handelt es sich um aktuelles, in einem laufenden Projekt kurzfristig benötigtes, tätigkeitsorientiertes Wissen aus einem operativ – ausführenden Blickpunkt. Dieses Wissen gliedert sich wiederum in zwei Teile: [135]

---

[134] Vgl. Schindler, M. (2002):S. 117
[135] Vgl. Schindler, M. (2002):S. 118

- Operatives Projektsteuerungswissen im Sinne von „Wer macht was bis wann?". Aus dieser Perspektive werden die Anzahl und Inhalte der Arbeitspakete einerseits sowie die namentlich verfügbaren Ressourcen andererseits für das Projektmanagement als vorgegeben betrachtet. Als Beispiele sind zu nennen:
  - Wissen über die Anzahl und Inhalte der Arbeitspakete und der darin enthaltenen Aufgaben
  - Abhängigkeiten, Fälligkeitstermine und verantwortliche Teammitglieder der Arbeitspakete
- Fach- und Methodenwissen im Sinne von: „Wie wende ich das Wissen auf meine konkrete Problemstellung an?" Die Teammitglieder oder die Projektleitung benötigen für die Bewältigung einer Aufgabe zur Projektzielerreichung das erforderliche Problemlösungswissen.

Wissen über Projekte

Dieses Wissen bezeichnet wiederum Wissen mit einem aktuellen Zeitbezug, Wissen über Projekte bezieht sich allerdings auf die funktional–institutionelle bzw. operativ-informierende Perspektive. Als Beispiele sind zu nennen:[136]

- Wissen über den Grad der vorhandenen Fähigkeiten der Mitarbeiter im Unternehmen um die passenden Mitglieder für die Projektteams finden und auswählen zu können.
- Methodenwissen des Multiprojektmanagements um das in Überblicksdarstellungen kodifizierte Wissen wie Projektportfolios für das Management bzw. die Projektgremien informierend und entscheidungsvorbereitend präsentieren zu können.

Wissen aus dem Projekt

Dieser Typ beinhaltet im Gegensatz zu den zwei vorangegangenen Typen kein aktuelles Wissen sondern betrachtet abgeschlossene Projekte und Projektphasen zu einem späteren Zeitpunkt. Beispiele hierfür sind: [137]

- Die in den Köpfen der Mitarbeiter abgebildeten Erfahrungen über die Lösung eines Detailproblems (Implizites Wissen)

---

[136] Vgl. Schindler, M. (2002):S. 118
[137] Vgl. Schindler, M. (2002):S. 118

- Die in den PCs der Mitarbeiter gespeicherten Dokumente aus dem Projekt (Explizites individuelles Wissen)
- Die in einer Wissensdatenbank gespeicherten Dokumente (Explizites organisatorisches Wissen)

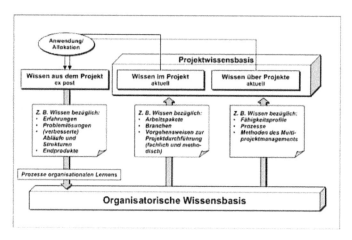

Abbildung 17: Typen des Projektwissens[138]

Methoden,- Fach- und Branchenwissen als aktuelles Wissen stellen das für die Projektabwicklung sowohl aus strategischer als auch aus operativer Sicht notwendige Hintergrundwissen dar. Es wird im Projektverlauf angewendet und idealerweise sukzessive angepasst und angereichert so dass es in Folgeprojekten über die organisatorische Wissensbasis kollektiv zur Verfügung steht. Wie in Abbildung 17 ersichtlich lassen sich die ersten beiden Wissenstypen durch entsprechende Transformation in die letztgenannte Form überführen. Diese Transformation erfolgt nun:[139]

- direkt durch die Nutzung des Wissens durch die Projektmitglieder im Projekt oder
- indirekt durch die Allokation von Wissen aus dem Projekt, wie etwa durch Ablage von Dokumenten in Datenbanken oder Ordnern.

---

[138] Entnommen aus Schindler, M. (2002):S. 119

[139] Vgl. Schindler, M. (2002):S. 119

4.5 Phasen und Dokumentation eines IT-Projektes

4.5.1 Projektphasen und Dokumente

Der phasenweise Ablauf eines Projektes gilt als eine essentielle Voraussetzung, um ein Projekt wirtschaftlich durchführen zu können. Durch das geplante Setzen von Meilensteinen an definierten Stellen in den Projektphasen können Unsicherheiten und Risiken im Projekt schrittweise eingegrenzt werden und sind damit besser beherrschbarer.[140]

Die folgende Abbildung 18 zeigt in Form eines groben Ablaufdiagramms die wichtigsten Aufgaben und die am häufigsten verwendeten Dokumente in den jeweiligen Projektphasen eines Projekts.

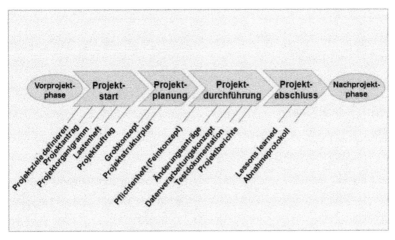

Abbildung 18: Projektabschnitte und Projektdokumente[141] [142]

Vielfach beginnt die Beschäftigung mit den hinter dem Projekt stehenden Ideen nicht erst zum Projektstart, sondern sind bereits vorher vorhanden. Aus diesem Grund hat die Vorprojektphase eher informellen Charakter und es werden üblicherweise auch keine formalen Dokumente zu den Projektinhalten generiert.

---

[140] Vgl. Litke, H.-D. (1995) S. 26

[141] Entnommen und erweitert aus Puchhammer, M. (2008) S. 21

[142] Ergänzt um Projektdokumente aus Reiss M. / Reiss G. (2010) S. 239ff

Erst in der Phase des Projektstarts kommt es zu einer Konkretisierung der Projektinhalte indem:[143]

- Ziele eines Vorhabens überlegt werden, sodass
- Inhalte gemeinsam mit einem Projektkunden (Auftraggeber) in einem Projektzieldokument festgehalten werden und ein Projektantrag gestellt wird oder
- Eine Projektidee auf ihre technische Realisierbarkeit hin überprüft werden oder
- Falls bereits vom Kunden erstellt, ein Anforderungskatalog (Lastenheft) analysiert wird und
- Eine verantwortliche Person ernannt wird und die grobe Projektstruktur in Form eines Projektorganigramms festgelegt und dokumentiert wird um
- Einen Projektauftrag vom Kunden zu erhalten.

Gerade in der Phase des Projektstartes werden verglichen mit anderen Phasen relativ viele Dokumente erzeugt wohl auch zum expliziten Abstimmen der Ziele, Anforderungen und Implementierungsvorhaben zwischen dem Projektteam und dem Auftraggeber einerseits sowie zwischen den Projektmitgliedern andererseits. Vor allem die Abstimmung zwischen den Projektmitgliedern in Form von Dokumenten ist umso entscheidender je größer das Projektteam und je interdisziplinärer das Team besetzt ist.

Auf die Informationen aus dem Projektstart baut dann eine detaillierte Phase der Projektplanung auf, welche neben der der konkreten Erstellung des Projektplans Erstellung auch die konkrete Einbettung in die Organisation umfasst. Inhaltlich wird in dieser Phase häufig ein Grobkonzept erstellt wenn dies mit dem Auftraggeber so vereinbart ist. Es kann aber auch vorkommen dass der Auftraggeber selbst auch noch das Grobkonzept erstellt.[144]

Nachfolgend kommt die Phase der Projektdurchführung in der als Nebenprodukt das Pflichtenheft erzeugt wird. In dieser Phase kann es auch zu Änderungsanträgen kommen welche meist vom Kunden gestellt werden. Häufig verlangt der Auftraggeber auch die Erstellung eines Datenverarbeitungskonzeptes

---

[143] Vgl. Puchhammer, M. (2008) S. 21f

[144] Vgl. Erxlebe, O. (2009) S. 2f

und die Erstellung von Testdokumenten. Während der Projektdurchführung sind vom Projektleiter Projektberichte zu erstellen in denen der Status bzw. der Fortschritt dokumentiert wird.[145]

In der Projektabschlussphase werden die Projektergebnisse dem Auftraggeber übergeben und diese wenn möglich vom Kunden abgenommen. Das Projektteam versucht aus dem Projektverlauf Lernerfahrungen für weitere Projekte zu generieren.[146] Diese Lernerfahrungen werden in „Lessons Learned" – Dokumenten verarbeitet und damit explizit gemacht.

Häufig schließt sich daran noch eine Nachprojektphase an, die die Hauptnutzungsphase der Projektergebnisse für den Auftraggeber darstellt und aus der sich Folgeprojekte ergeben können.[147]

Anhand des Phasenschemas wird der Prozesscharakter in einem Projekt ersichtlich. Die Ergebnisse einer vorhergehenden Phase gehen als Input in die nächste Phase zur weiteren Bearbeitung über. Vorliegende Resultate können sowohl in schriftlicher Form explizit vorliegen oder auch implizit von Projektmitarbeitern in Form von gemachten Erfahrungen sowie als Ergebnisse zum Arbeitsprozess als solches erzielt werden. Projektarbeit bedeutet somit neben der Durchführung der jeweiligen konkreten Aufgaben zur Erreichung der Projektziele auch handlungsorientiertes Lernen durch das Bewältigen dieser Aufgaben.

Jede Projektphase bringt ihre speziellen Lernanforderungen und Lernchancen mit sich. Dazu kommen sogenannte Kompetenzfelder, die im Sinne von Schlüsselqualifikationen bedeutsam für alle Phasen des Projektes sind. Stärken, Lernerfolge sowie der weitere Entwicklungsbedarf lassen sich anhand von Auswertungsschleifen zu bestimmten Zeitpunkten sowie am Schluss des Projektes erkennen.[148]

---

[145] Vgl. Reiss M. / Reiss G. (2010) S. 259f
[146] Vgl. Puchhammer, M. (2008) S. 22
[147] Vgl. Puchhammer, M. (2008) S. 22
[148] Vgl. Stauber, E. (2002) S. 32

4.5.2 Projektdokumentation

Da sich IT-Projekte insbesondere durch das Merkmal der Einmaligkeit vom IT-Regelbetrieb unterscheiden, steht bei IT-Projekten nicht die Dokumentation wiederkehrender Prozesse und Tätigkeiten im Vordergrund. Insbesondere nämlich liegt der Schwerpunkt in der Dokumentation der Konzeptionierung und Realisierung von Lösungen für eine konkrete Aufgabenstellung. Die dabei als Nebenprodukt generierten Dokumente werden auch als „Ergebnisdokumente" bezeichnet. Daneben hat ein Projekt eine eigene Projektorganisation welche durch das Projektmanagement geleitet wird. Die dabei anfallenden Dokumente gehören zu den Projektmanagementdokumenten. Alle Projektmanagementprozesse liefern als Output ein oder mehrere Projektmanagementdokumente.[149]

In der eigenen Darstellung der Abbildung 19 sind nochmals alle Beispieldokumente aufgelistet, welche in Abbildung 18 eingezeichnet sind. Diese sind dabei entweder den Dokumenten des Projektmanagements oder den Ergebnisdokumenten zugeordnet.

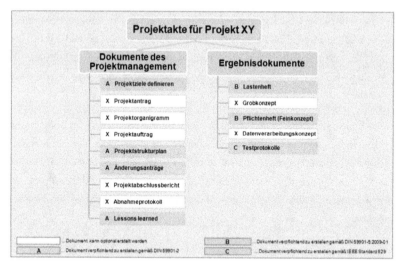

Abbildung 19: Eigene Darstellung: Obligatorische und vereinbarte Projektdokumente[150]

---

[149] Vgl. Reiss M. / Reiss G. (2010) S. 239 + 256

[150] Angeregt und erweitert aus Reiss M. / Reiss G. (2010) S. 263

Projektmanagementdokumente werden meist von der Projektleitung gepflegt und verwaltet während die Ergebnisdokumente üblicherweise von allen Mitgliedern des Projektteams erstellt und gepflegt werden.[151]

Generell wird der Begriff „Projektdokumentation" als übergeordnete Bezeichnung für alle Dokumente verwendet, die Bestandteile der IT-Dokumentation sind. Die Projektdokumentation soll es ermöglichen sich jederzeit über die Projektinhalte und den Fortschritt zu informieren. In einem Unternehmen wird für jedes durchzuführende Projekt eine Projektakte angelegt welche aus Dokumenten des Projektmanagements und aus Ergebnisdokumenten besteht.[152]

In der Abbildung 19 wurden vom Autor sämtliche verpflichtend zu erstellenden Dokumente je nach Vorschrift mit roter, gelber oder grüner Farbe markiert. Die mit weißer Farbe markierten Dokumente sind nicht gemäß einer Vorschrift zu erstellen sondern diese sind nur dann verpflichtend zu erstellen wenn dies zwischen Projektauftraggeber und –auftragnehmer vereinbart wurde:

- Rot markierte Dokumente: Gemäß DIN 69901-2 sind von den in Abbildung 19 angeführten Dokumenten des Projektmanagement nicht alle sondern nur folgende verpflichtend zu erstellen: Projektziele definieren, Projektstrukturplan, Änderungsanträge und die Lessons Learned.
- Grün markierte Dokumente: Gemäß DIN 69901-5:2009-01 sind in den Ergebnisdokumenten das Lastenheft und das Pflichtenheft verpflichtend zu erstellen.
- Gelb markierte Dokumente: Gemäß IEEE (Institute of Electrical and Electronic Engineers) Standard 829 müssen die Testdokumente erstellt werden.

Die in einem Projekt zu erzeugenden Dokumente stellen explizites Wissen dar und können da sie ohnehin erstellt werden auch für den Wissenstransfer genutzt werden. Allerdings sind nicht alle erzeugten Dokumente für einen Wissenstransfer geeignet. Insbesondere die Dokumente des Projektmanagements stellen Wissen im Projekt dar und das operative Projektsteuerungswissen steht grundsätzlich im Vordergrund.

---

[151] Vgl. Reiss M. / Reiss G. (2010) S. 241
[152] Vgl. Reiss M. / Reiss G. (2010) S. 240

Die Lessons Learned Dokumente haben allerdings als Fach- und Methodenwissen eine Sonderstellung: Lessons Learned die in Vorprojekten erstellt und verfügbar gemacht wurden stehen dem aktuellen Projekt als Wissen im Projekt in Form von Fach- und Methodenwissen zur Verfügung. Lessons Learned die im laufenden Projekt dokumentiert und verfügbar gemacht wurden stellen Wissen aus dem Projekt dar vergrößern die organisatorische Wissensbasis und kann erst in Folgeprojekten genutzt werden.

Die Ergebnisdokumente nehmen ebenfalls eine besondere Position ein: Sie stärken das Fachwissen in einem Projekt. Wenn beispielsweise ein Projektmitarbeiter ein Pflichtenheft fertiggestellt und mit dem Kunden abgestimmt hat, dann kann ein zweiter Projektmitarbeiter die Anwendung grundsätzlich auf Basis des Pflichtenheftes entwickeln ohne laufend Rücksprache mit dem ersten Projektmitarbeiter zu halten. Ergebnisdokumente stellen aber auch Wissen aus dem Projekt dar. Das Lastenheft und Pflichtenheft muss obligatorisch erstellt werden, daher existieren diese Dokumente auf jedem Projekt wenigstens als explizites individuelles Wissen auf dem PC des oder der Mitarbeiter die das Dokument erstellt haben. Um aber die organisatorische Wissensbasis vergrößern zu können sollten diese Dokumente der gesamten Organisation zur Verfügung gestellt werden.

Zur Einhaltung der Qualitätssicherung müssen gemäß dem Standard 829 der IEEE Softwareentwicklungen organisiert getestet werden. Dazu müssen in der Regel mehrere Teststufen durchlaufen werden: Funktionstests, Fachliche Tests, Integrationstest und Lasttests werden üblicherweise vom Auftragnehmer durchgeführt bevor der Auftraggeber den Abnahmetest durchführt. Im Konkreten werden bei der Ausführung von Testfällen immer Testdokumente produziert. Ein Testfall ist eine Kombination von Eingabedaten, Verarbeitungsregeln und erwarteten Ausgabedaten.[153] Neben der Qualitätssicherung dokumentiert ein zeitnah geführtes Testkonzept den Test- und damit Implementierungsfortschritt des Projektes und stellt damit Wissen im Projekt in Form von operativem projektsteuerungswissen dar. Die Testdokumente beinhalten grundsätzlich jedoch kein Fachwissen welches die Problemlösungskompetenz im laufenden Projekt oder

---

[153] Vgl. Reiss M. / Reiss G. (2010) S. 276ff

in Folgeprojekten vergrößern könnte und eignen sich daher grundsätzlich nicht für den Wissenstransfer.

4.5.3 Projektdokumente für den Wissenstransfer

In diesem Kapitel werden die für einen Wissenstransfer in Projekten aufgrund ihres Inhalts von Fach- und Methodenwissen als Wissen im Projekt (siehe Kapitel 4.4) besonders geeigneten Dokumente beschrieben.

4.5.3.1 Lastenheft

Gemäß DIN 69901-5:2009-01 ist das Lastenheft die „vom Auftraggeber festgelegte Gesamtheit der Forderungen an die Lieferungen und Leistungen eines Auftragnehmers innerhalb eines (Projekt-) Auftrages."[154]

Das Lastenheft wird daher vom Auftraggeber erstellt. Er definiert darin alle seine Anforderungen an das gewünschte Projekt oder System und teilt diese dem bzw. den potentiellen Auftragnehmern mit, was diese nach einer allfälligen Beauftragung zu liefern haben. Der potentielle Auftragnehmer kann aufgrund des Lastenheftes den Aufwand abschätzen und ein fundiertes Angebot erstellen.[155] Im Lastenheft definiert der Auftraggeber das „Was" und das „Wofür", jedoch nicht „Wie" etwas gemacht werden soll. Weder der Umfang noch die Gliederung sind verbindlich geregelt sondern diese sind je nach der zu erstellenden Lösung unterschiedlich. Für eine grobe Gliederung können folgende Punkte herangezogen werden: [156]

- Allgemeines (Titel, Auftraggeber, Zeitleiste)
- Zielsetzung (Anlass; Priorisierungen)
- Produktfunktionen (Ausgangssituation; geforderte Hauptfunktionen; fachliche Anforderungen; betroffene Schnittstellen und Systeme)
- Leistungsanforderungen (Leistungsumfang, Leistungs-, Sicherheits- und Qualitätsanforderungen)
- Produktumgebung (technisches Umfeld; Standards; Begrenzungen)

---

[154] DIN e.V. – Hrsg. (2009) S. 5
[155] Vgl. Erxlebe, O. (2009) S. 3
[156] Vgl. Reiss M. / Reiss G. (2010) S. 270f

4.5.3.2 Pflichtenheft

Das Pflichtenheft beinhaltet gemäß der DIN 69901-5:2009-01 die „vom Auftraggeber erarbeiteten Realisierungsvorgaben auf der Basis des vom Auftraggeber vorgegebenen Lastenheftes".[157]

Das Pflichtenheft wird als Antwort auf das Lastenheft vom Auftragnehmer erstellt. Es orientiert sich an den verschiedenen angeforderten Leistungen des Auftraggebers wobei zu dem Punkt eine Realisierungsidee beschrieben werden muss. Im Pflichtenheft muss auch eine Aufwandsschätzung für die Realisierung erfolgen.[158] Im Lastenheft beschreibt der Auftraggeber das „Was" und das „Wofür", im Pflichtenheft beschreibt der Auftragnehmer das „Wie", „Wieviel" und das „Womit". Beide Dokumente werden Bestandteil des Projektvertrages.[159]

Es hängt von der Vereinbarung zwischen der Auftraggeber und Auftragnehmer ab ob nach der Beauftragung und der späteren Abnahme des Pflichtenheftes durch den Auftraggeber die Projektdurchführung nochmals gesondert beauftragt wird. Ebenfalls Vereinbarungssache ist das allfällige Erarbeiten eines Grobkonzeptes durch den Auftragnehmer, das darauf aufbauende Feinkonzept wäre dann terminologisch ident mit dem „Pflichtenheft".[160]

4.5.3.3 Grobkonzept und Feinkonzept

Diese beiden Begriffe werden häufig in unterschiedlicher Art verwendet. Entweder kann es als Projektmanagementdokument klassifiziert werden in dem die Projektziele in Form von Meilensteinen definiert sind und die Projektinhalte grob umrissen sind. Andererseits kann es auch als Ergebnisdokument betrachtet werden als es im Zusammenhang mit dem Feinkonzept und dem Datenverarbeitungskonzept zu sehen ist. In der vorliegenden Arbeit wird diesem letzteren Ansatz gefolgt, die beiden Dokumente Grobkonzept und Feinkonzept unterscheiden sich nur im Detaillierungsgrad. Es ist in vielen Fällen vorteilhafter zuerst ein Grobkonzept zu erstellen da darin auch alternative Lösungswege

---

[157] DIN e.V. – Hrsg. (2009) S. 5

[158] Vgl. Erxlebe, O. (2009) S. 3

[159] Vgl. Reiss M. / Reiss G. (2010) S. 270f

[160] Vgl. Erxlebe, O. (2009) S. 3f

beschrieben werden können die dann mit dem Auftraggeber abgesprochen werden. Diese Vorgehensweise minimiert das Risiko mit einem direkt erstellten Feinkonzept in eine nicht mit dem Auftraggeber abgestimmte Richtung zu dokumentieren oder bereits zu entwickeln. Auf der Basis eines derart abgestimmten Grobkonzeptes kann darauffolgende das Feinkonzept, welches gleichzeitig das Pflichtenheft ist, erstellt und abgenommen werden. Der Start der Entwicklung im System sollte immer erst nach der Abnahme des Feinkonzeptes erfolgen.[161]

4.5.3.4   Datenverarbeitungskonzept (DV-Konzept)

Das DV-Konzept beruht auf dem Feinkonzept und erweitert diese um DV-technische Inhalte wie der Softwarearchitektur oder der Implementierung. Alle Verarbeitungsschritte werden beschrieben wobei die Eingangsdaten, der Verarbeitungsalgorithmus und die Ausgangsdaten dokumentiert werden.[162] Auch die Schnittstellendokumentation ist Teil des Datenverarbeitungskonzeptes wobei häufig pro Schnittstelle ein Dokument erzeugt wird. Häufig wird bei der Implementierung von betrieblicher Standardsoftware auch die Dokumentation der Customizingeinstellungen im DV-Konzept vorgenommen.

4.5.3.5   Lessons Learned

Lessons Learned ist eine Methode des Wissensmanagements wobei sie besonderes für die Wissensnutzung und den Wissenstransfer geeignet ist.[163] Lessons Learned ist auch ein Wissen welches durch einzelne Personen durch individuelle Erfahrung erworben wurde. Der Fokus liegt dabei sowohl auf positive als auch negative Erfahrungen welche Projektmitarbeiter oder auch Mitarbeiter in den Prozessen des Unternehmens beim Lösen von Problemen oder Aufgaben gemacht haben. Lessons Learned umfassen Entscheidungen und Tätigkeiten bei der Durchführung von aktuell noch laufenden oder auch abgeschlossenen Projekten die in Zukunft bei kommenden Projekten die Wahrscheinlichkeit von Erfolgen erhöhen und von

---

[161] Vgl. Reiss M. / Reiss G. (2010) S. 265

[162] Vgl. Erxlebe, O. (2009) S. 4

[163] Vgl. Lehner, F. (2009) S. 188f

Fehlern sowie Misserfolgen senken sollen. Entscheidend dabei ist die Dokumentierung der Erfahrung um das individuell durch Erfahrung erworbene Wissen zu explizieren.[164]

Ziel ist die Vermeidung von Doppelarbeit bzw. nicht wertschöpfender Arbeit sowie die Wiederholung von Fehlern in den folgenden Projekten. Das am Projekt erworbene Wissen bleibt bei von Projektmitarbeitern verfassten Lessons Learned Dokumenten auch dann für das Unternehmen bestehen, wenn die betreffenden Mitarbeiter das Unternehmen verlassen haben. Lessons learned müssen in die Projektphasen eingebunden werden insbesondere in der Projektabschlussphase. Die Dokumentation von Lessons Learned verursacht zunächst Mehraufwand an Personalressourcen für das laufende Projekt. Es benötigt daher einerseits das Verständnis und die Bereitschaft der Mitarbeiter, diesen Aufwand auf sich zu nehmen und andererseits die Unterstützung durch das Projektmanagement, das dafür das erforderliche Zeitbudget reserviert um die Wissenssicherung und den Wissenstransfer für das Unternehmen zu unterstützen. Eine weitere Herausforderung besteht in der Kultur der Fehlertoleranz nicht nur im laufenden Projekt sondern im gesamten Unternehmen welches Projekte durchführt: Es sollen wie erwähnt auch die Misserfolge als Lessons Learned dokumentiert werden und dafür müssen Projektmitglieder Fehler dokumentieren dürfen ohne negative Sanktionen fürchten zu müssen.[165]

In der Wissenstreppe von North erreichen die mit Fehlern ausgeführten Tätigkeiten und Entscheidungen der Projektmitarbeiter die Stufe des Handelns, die erfolgreich ausgeführten die Stufe der Kompetenz. Durch die Dokumentierung der Lessons learned werden Daten erzeugt welche für folgende Projekte durch Nutzung der Projektmitarbeiter wieder zu Informationen und Wissen werden können und bei der Ausführung zu Handeln oder Kompetenz.

Die Projektmitglieder können ihre Lessons Learned Dokumente anlassbezogen und zeitnah verfassen, es können aber auch spezielle Workshops dafür eingerichtet werden. Es ist dabei möglich einen Lessons Learned Workshop in der Projektabschlussphase durchzuführen, es können aber auch mehrere Workshops in

---

[164] Vgl. Auer, T. (2007) S. 127

[165] Vgl. Lehner, F. (2009) S. 189

den Projektabschnitten davor eingerichtet werden. Ein Workshop ist dabei in mehrere Phasen unterteilt. Am Anfang der Veranstaltung wird eine Revision der Projektziele in Form eines Überblick über den Soll-Ist-Stand der Projektziele und Arbeitspakete des Projektes durchgeführt. Als nächstes wird von jedem Projektmitglied ein kurzes Feedback zum Projekt eingeholt und die Meinung im Anschluss innerhalb des Projektteams diskutiert. Erst im darauf folgenden Teil findet die eigentliche Bewertung des Projektes statt.[166]

Folgende Fragen sollten an dieser Stelle beantwortet werden:[167]

- Was lief gut / schlecht?
- Was würde man aus heutiger Sicht anders machen?
- Wo lagen Schwierigkeiten und wie konnten sie behoben werden?
- Wo wurden Fehler gemacht und aus welchem Grund?
- Was hat keinen Zusatznutzen gebracht und hätte demnach weggelassen werden können?
- Wie war die Kommunikation innerhalb des Projektes?
- Welche Erfahrungen können aus diesem Projekt als Empfehlungen an andere weitergegeben werden?

In der nächsten Phase können nun die nach der Beantwortung dieser Fragen im Team gewonnenen Erfahrungen in geeigneter Form dokumentiert werden. Für die Dokumentation der Lessons Learned ist es dabei erforderlich, Strukturen bei der Verfassung vorzugeben um eine möglichst für spätere Nutzer wertvolle Speicherung der Erfahrung zu gewährleisten.[168]

Eine Möglichkeit die Lessons – Learned Dokumente zu strukturieren ist nach folgendem Schema möglich: Ausgangssituation (Einleitung) - Problem (Aufgabe) – Auswirkung – Ursache – Künftige Handlungsweise (Lesson Learned). Das folgende Beispiel einer Lesson Learned stammt aus einem Projekt des Autors und ist eine eigene Darstellung.

---

[166] Vgl. Schenk, M. / Staiger, M. / Voigt, S. (2004) S. 421.

[167] Vgl. Disterer, G. (2001) S. 40.

[168] Vgl. Lehner, F. (2009) S. 188f

Ausgangssituation:

Bei einer in Island sitzenden Telecomgesellschaft mit mehr als zweihunderttausend Kunden (Festnetz, Mobilfunk, Internet) wurde im Jahr 2004 ein neues Debitorenmanagementsystem (Massenkontokorrent) in Form einer ERP - Standardsoftware implementiert. Das Feinkonzept sowie das Customizing und die wichtigsten Entwicklungen waren bereits abgeschlossen und nun zu testen. Es lag eine dreiteilige Systemlandschaft vor, neben dem Entwicklungssystem bestand ein Testsystem mit zwei Testmandanten sowie das Produktivsystem für den künftigen Produktivbetrieb. Der Projektfortschritt war bis zu diesem Zeitpunkt im Plan, der Produktivbetrieb sollte in vier Monaten erfolgen.

Problem:

Aufgrund der Komplexität der Stammdatenstrukturen war es nicht möglich kritische Prozesse (Zahlungsprozesse; Rechnungsdatenübernahme) mit Massentests im Testsystem zu testen. Es war nur möglich einzelne Funktionstests durchzuführen wobei die Testfiles vom Tester selbst erstellt wurde.

Ursache:

Ursprünglich wurde angenommen die von den Banken gelieferten Zahlungsfiles und die von den Billingsystemen gelieferten Rechnungsdatenfiles auf Dummy – Kundenkonten verbuchen zu können. Dies wäre zwar technisch möglich gewesen, aber entscheidende Folgeprozesse (Kontenausgleich, Mahnen, Sperren, etc.) hätten nicht mit Echtdaten End-to-End getestet werden können.

Auswirkung:

Der Kunde verweigerte aufgrund des fehlenden Massentests bzw. End-to-End Test mit Echtdaten vorerst die Abnahme des Systems. Daraufhin wurde eine Stammdatenmigration (Kundenstammdaten und FI-Stammdaten) aus dem bestehenden Legacy-System in das Testsystem durchgeführt um eine entsprechende Testlandschaft aufzubauen. Nach zwei Monaten war die Testlandschaft eingerichtet, die Prozesse wurden getestet und abgenommen aber der Produktivstart verzögerte sich insgesamt um drei Monate.

Künftige Handlungsweise (Lessons Learned):

Beim Testen mit Massendaten bei Finanzdaten (Debitoren, Kreditoren) ist bereits bei Erstellung des Angebots bzw. Feinkonzept auf die Problematik mit den Abnahmetests mit dem Kunden abzuklären. Die Klärung der Stammdatenstruktur gehört üblicherweise und auch vorteilhafterweise zu einen der ersten Tätigkeiten in der Durchführungsphase. Gleich anschließend sollte eine Migration der Stammdaten aus dem abzulösenden System in das Testsystem erfolgen und abgeschlossen sein sobald die ersten wichtigen Prozesse fertiggestellt sind und bereit sind für die Massentests.

Abbildung 20: Eigene Darstellung: Beispiel Lesson Learned bei Implementierung Debitorenmanagement

5. Wissenstransfer

In Kapitel 5.1 wir auf die beiden Möglichkeiten des Wissenstransfers in Projekten eingegangen, wobei für die weitere Behandlung nur der adhoc – Wissenstransfer von Bedeutung ist. Der darauffolgende Wissenstransferzyklus in Kapitel 5.2 zeigt den Kreislauf der Entstehung und Weitergabe von adhoc Wissen über den Weg der Explizierung des Wissens. Danach wird in Kapitel 5.3 auf die Ziele des Wissenstransfers in Projekten eingegangen. Danach erläutert Kapitel 5.4 die noch in vielen Unternehmen vorherrschenden Projektdokumentation der Projekte in einem Dateiensystem. Dem gegenüber wird in Kapitel 5.5 der Einsatz einer Wissensdatenbank für den Wissenstransfer sowie die sich dadurch ergebenden Vor- und Nachteile beschrieben.

5.1 Wissenstransfer im Projekt

Der Begriff des Wissenstransfers wird manchmal so breit konzipiert, dass er auch die Klassifikation, Auffindung, Filterung und Aufbereitung von Wissen enthält. Wissenstransfer bezeichnet hier die allgemeinen Aspekte des Prozesses der Verteilung von Wissen.[169] Wissenstransfer wird häufig auch als ein Bestandteil von Wissensmanagement betrachtet.

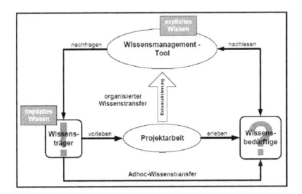

Abbildung 21: Wissenstransfer in Projekten[170]

---

[169] Vgl. Auer, T. (2009) S. 30

[170] Entnommen aus Dietrich, C. (2004) S. 29

Der Wissenstransfer trägt dafür Sorge, dass die Wissensverfügbarkeit steigt. Der Wissenstransfer kann auf zwei Arten erfolgen:[171]

- adhoc Wissenstransfer: Dabei können wissensbedürftige Projektmitglieder explizites „Wissen" in Form von Dokumenten mithilfe von Wissensmanagement-Instrumenten (siehe Kapitel 3.2) wie beispielsweise der Wissensdatenbank finden und „nachlesen".

- organisierten Wissenstransfer: Dabei werden Wissensträger und Wissensbedürftiger zur Lösung einer konkreten Projektaufgabe zusammengebracht. Durch das Vorleben des Wissensträgers wird über die Sozialisation das implizite Wissen vom Wissensbedürftigen erlebt und damit auf ihn transferiert.

Der Transfer von explizitem Wissen in Form des Adhoc-Wissenstransfer erweist sich in den meisten Fällen nicht nur als wesentlich leichter als der von implizitem Wissen, sondern beansprucht im Allgemeinen auch weniger Zeit. Explizites Wissen kann beispielsweise in Form von leicht zu vervielfältigenden Dokumenten verteilt werden. Die Weitergabe von implizitem Wissen hingegen bedarf typischerweise einer langwierigeren Prozedur, der Sozialisation.[172] Der organisierte Wissenstransfer von implizitem Wissen steht nicht im Fokus dieser Arbeit.

Wenn Wissen im Prozess der Explizierung weitergegeben werden soll, muss es zuerst in Wissensobjekte unterteilt und als Information in Form von Daten gespeichert werden. Dieser Vorgang wird als Externalisierung bezeichnet. Der gegengesetzte Vorgang, aus Informationen und Daten Wissen zu erzeugen, wird als Internalisierung bezeichnet.

5.2 Wissenstransferzyklus

Die wichtigste und effizienteste Möglichkeit Wissenslücken zu schließen besteht darin, den Wissenstransfer innerhalb der Organisation bzw. des IT-Projektes zu organisieren. Wissenstransfer ermöglicht, neues Wissen auf der Basis von existierendem Wissen aufzubauen. Der Wissenstransferzyklus beschreibt diesen Prozess. Der Wissenstransferzyklus beschreibt diesen Prozess und zeigt, dass es

---

[171] Dietrich, C. (2004) S. 29f

[172] Vgl. Auer, T. (2009) S. 30f

qualitativ unterschiedliche Ebenen der Informationsverarbeitung gibt: Es ist demnach zwischen der menschlichen (semantischen) und maschinellen (syntaktischen) Informationsverarbeitung zu differenzieren.[173]

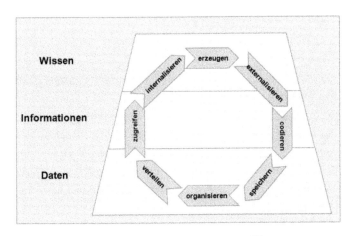

Abbildung 22: Wissenstransferzyklus[174]

Abbildung 22 zeigt welche Schritte in welchen Hierarchieebenen durchlaufen werden um Wissen zu transferieren. Jeder dieser Schritte nimmt unterschiedlich viel Zeit in Anspruch und ist zudem abhängig von der Komplexität des Wissens, welches in expliziter Form vorhanden sein muss. Als eine der ersten Aufgaben gilt es dabei herauszufinden, welches Wissen sinnvoll transferiert werden kann und soll. Dazu ist es erforderlich die einzelnen Wissensobjekte zu definieren und in Kontext zueinander zu setzen. In der Folge werden diese Objekte dann codiert und abgespeichert. Die herkömmliche Methode ist das Abspeichern der erstellten Dokumente in einem Dateisystem mit einer dafür entsprechend organisierten Ablagestruktur (siehe Kapitel 5.4). Eine weiter Möglichkeiten besteht in der Speicherung in Wissensdatenbanken was Thema dieser Arbeit ist und in Kapitel 3 und Kapitel 5.5 beschrieben wird. Von dort können die Daten dann verteilt bzw. aufgerufen, und von Personen der Organisation internalisiert werden.

---

[173] Vgl. Fuchs-Kittowski, K. (2000) S. 45

[174] Entnommen und geringfügig abgeändert aus Fuchs-Kittowski, K. (2000) S. 45

5.3 Ziele des Wissenstransfers im Projekt

Im Zusammenhang mit einem zielgerichteten Einsatz der Instrumente des Wissenstransfers können verschiedene Ziele hinsichtlich systematisch aufbereiteter Projekterfahrungen benannt werden: [175]

- Vermeidung von Doppelarbeit: Wiederverwendung von bereits erarbeitetem Wissen

- Lernen durch Wiederholung: kontinuierliche Verbesserung, Vermeidung von Wiederholungsfehlern

- Innovationsförderung: Erkennen und Nutzen von innovativen Ideen, Nutzung des Potentials der interdisziplinären Zusammenarbeit

- Methodik-Harmonisierung/-Standardisierung: Identifikation von Best Practices und Überführung in den Unternehmensstandard Schaffen von Verfahrenssicherheit, Unterstützung durch Routinen und einheitliche Terminologie

- Ressourcenallokation: optimale Projektbesetzung unter Berücksichtigung von Kapazität und Kompetenz der einzelnen Mitarbeiter

Um diese genannten Ziele erreichen zu können müssen im Sinne des Wissenstransferzyklus (vgl. Kapitel 5) ausgewählte Wissensobjekte mittels IT-unterstützten Instrumenten des Wissensmanagement (vgl. Kapitel 3.2) in Form von Daten codiert und gespeichert werden. Erst danach können diese Daten entweder automatisiert verteilt werden, oder können Personen darauf zugreifen.

Für die organisatorische und operative Durchführung und damit dem Erfolg des Wissenstranstransfers in Projekten ist die Projektleitung verantwortlich, was noch in Kapitel 5.5.3 erläutert werden wird.

In Fachkreisen gilt die Faustregel, dass Wissensmanagementsysteme zu 80% aus organisatorischen Maßnahmen bestehen und nur zu 20% aus technischen Werkzeugen.[176]

---

[175] Vgl. Müller, H. (2008) S. 78
[176] Erb, U. (2011) S.4

Die Erreichung der Ziele des Wissenstransfers in Projekten hat wiederum Einfluss auf die Betrachtungsobjekte des Projektmanagements. Wenn also beispielsweise Wissen das in einem früheren Projekt generiert wurde auf das bestehende Projektteam transferiert werden kann, dann hat dies positive Auswirkungen auf die Durchlaufzeit und gegebenenfalls auf die Qualität der Leistung des Projektes.

Es muss allerdings auch erwähnt werden das zur Erreichung der Projektziele des laufenden Projektes unter bestimmten Umständen auf das Transferieren von Wissen im und über das Projekt durch die Projektmitglieder weitgehende verzichtet wird. Dies ist dann der Fall wenn beispielsweise die mit dem Kunden vereinbarten, erforderlichen Dokumentationen in einem Projekt nur den Mindestanforderungen genügt oder die Pflege von unternehmensinternen Wissenstransfer – Instrumenten unterlassen wird da die Projektmitarbeiter aus welchen Gründen auch immer mit der Erfüllung der Aufgaben aus den Arbeitspaketen vollständig ausgelastet sind. Aus der Sicht des Wissenstransfers und dem Lernen aus dem Projekt (siehe Kapitel 4.4) „opfert" das Projektmanagement zukünftig mögliche höhere Zielerreichungsgrade gegenüber dem Zielerreichungsgrad des laufenden Projektes.

5.4 Dokumentenablage in einem Dateisystem

5.4.1 Dokumentation von IT-Projekten

Die Erstellung der Dokumente erfolgt heutzutage fast ausschließlich elektronisch mit Hilfe von office – Software, die Ablage der Dokumente wird dabei überwiegend in einem Dateisystem vorgenommen. Es wäre zwar möglich die Projektdokumente auszudrucken und physisch in Projektordnern zu verwalten allerdings wird dies aufgrund von erheblichen Nachteilen (Verfügbarkeit und Zugriff auf die Dokumente; Versionenverwaltung; Verteilung; Wissenstransfer; etc.) kaum mehr durchgeführt und wird daher nur aus Gründen der Vollständigkeit hier erwähnt.

Ein Dateisystem organisiert Daten auf einem Datenträger in Form von Dateien, wobei die Dateien beliebige Datenbestände (z.B. Textdateien, Tabellenkalkulationen, ausführbare Programme, etc.) enthalten können. Für jede Datei werden deren Namen, Größe und das Modifikationsdatum abgespeichert, darüber hinaus können auch weitere Information gespeichert werden. Im Weiteren stellt das Dateisystem Zugriffsmethoden für Dateien zur Verfügung: Es unterstützt Operationen wie Erstellen, Lesen, Ändern, Verschieben und Umbenennen von Dateien. Die Dateien werden meist mit Hilfe von Verzeichnissen (Ordnern) mittels einer Ordnerstruktur organisiert, welche die Funktion eines Inhaltsverzeichnis übernehmen. Ein Ordner kann sowohl Dateien als auch Unterordner enthalten. Der Name einer Datei muss innerhalb des gleichen Ordners eindeutig sein. Unter dem absoluten Dateinamen versteht man den Namen einer Datei inklusive des kompletten vorangestellten Verzeichnispfades für den Ordner, in dem die Datei gespeichert ist.[177]

5.4.1.1 Ablagestruktur

Nachdem ein Dokument erstellt wurde muss es in einer zuvor definierten Ablagestruktur bereitgestellt werden. Eine der bedeutendsten Aufgaben im Umgang mit der Dokumentation von IT-Projekten ist die Entwicklung einer Ablagestruktur für die Dokumente. Die einzurichtende Ablagestruktur muss gewährleisten, dass zu jedem Zeitpunkt für alle Projektbeteiligte ersichtlich ist:[178]

- Wo das Dokument gespeichert ist und
- Welchen Status bzw. in welcher Version das Dokument vorliegt

Die erstellten Dokumente müssen daher

- einerseits vom Ersteller des Dokuments schnell und an einem eindeutig dafür vorgesehenen Platz abgelegt werden können und
- andererseits auch schnell von allen berechtigten Projektmitgliedern gefunden werden können.

Wie die Ausführungen zeigen, ist es ohne eine zentral verwaltete Dokumentenablage kaum möglich die genannten Anforderungen zu erfüllen. Dabei können die Dokumente zwar dezentral gespeichert werden, sie sind jedoch nur gültig wenn sie im zentralen Dateisystem abgelegt werden.[179]

Es empfiehlt sich die Gliederung des Dateiverzeichnis des Projektordners in zwei Unterordner vorzunehmen, nämlich einen für die Dokumente des Projektmanagements und den anderen für Ergebnisdokumente. Wie schon

---

[177] Vgl. Hansen, H. R. / Neumann, G. (2005b) S. 322f
[178] Vgl. Reiss M. / Reiss G. (2010) S. 361
[179] Vgl. Reiss M. / Reiss G. (2010) S. 362

erwähnt ist insbesondere das Projektmanagement für die Pflege der Dokumente des Projektmanagements verantwortlich und die übrigen Projektmitglieder benötigen diese Dokumente seltener. Daher erfolgt häufig zu Beginn gleich diese Verzweigung des Verzeichnisses. Bei den Dokumenten des Projektmanagements wird für jeden zu erstellenden Dateityp (Dokument) ein eigener Ordner erstellt wobei in etwa die Chronologie der Meilensteine in denen das Dokument zu erstellen ist durch die aufsteigende Nummerierung der Ordner wiedergegeben wird. Die Ergebnisdokumente werden auf der untersten Ebene nach Arbeitspaketen gegliedert, mehrere Arbeitspakete (Unterordner) zusammen können einen zu entwickelnden Teilprozess oder Prozess ergeben welcher zu beschreiben ist. In der folgenden Abbildung ist für das Arbeitspaket „Zahlscheinzahlungen" ein eigener Ordner („01_Zahlscheinzahlungen") angelegt worden. Dieses Arbeitspaket ist Teil des Prozesses „Zahlungen" welches im Pflichtenheft zu dokumentieren ist.

Abbildung 23: Eigene Darstellung: Projektdokumentation in einem Dateisystem

Für die Ergebnisdokumente „Datenverarbeitungskonzept" und „Testkonzept" sind ebenfalls Ordner angelegt welche möglichst wiederum mit den selben

Unterordnern wie das Ergebnisdokument „Pflichtenheft" versehen werden sollen um die Struktur durchgängig zu gestalten, die Vollständigkeit der Projektdokumentation zu gewährleisten und die Auffindbarkeit zu verbessern.

Entscheidend dabei ist die Festlegung der Ablagestruktur bereits in der Phase des Projektstarts. Wenn die Festlegung erst in einer späteren Projektphase erfolgt ergeben sich für die Projektmitglieder bereits erhebliche Suchaufwände für die Dokumente. Vor allem für Dokumenten die von anderen Projektmitgliedern erstellt wurden ist für den suchenden Projektmitarbeiter dann nicht klar

- in welchem Ordner ein Dokument abgelegt wurde
- ob ein bestimmtes Dokument bereits erzeugt wurde
- ob für ein bestimmtes Thema ein eigenes Dokument erzeugt wurde oder dieses Thema in einem thematisch verwandten Dokument mit aufgenommen wurde.

Wenn eine Änderung oder Festlegung der Ablagestruktur erst in einer späteren Projektphase erfolgt, dann kommen zu den bereits aufgelaufenen verschwendeten Arbeitszeiten im Projekt noch der Arbeitsaufwand zur Neugestaltung der Ablagestruktur hinzu.

5.4.1.2 Dateiname und Versionierung

Elektronische Dokumente kann man nicht so wie papiergebundene Dokumente (siehe Kapitel 3.3.1) in die Hand nehmen und sie nicht aus der Ferne betrachten. Man muss sie erst „öffnen", um zu sehen, was sie enthalten. Die Informationen, die man beispielsweise einem Papierbrief, den man in Händen hält, auf den ersten Blick ansieht (Verfasser, Seitenanzahl, Betreffzeile usw.) kann bei EDV-Dateien erst nach dem Öffnen der Datei mittels Durchsicht erschlossen werden. Ein weiterer aus Sicht einer effizienten Dokumentenverwaltung jedoch positiver Unterschied besteht darin, dass elektronische Dokumente „Namen" tragen. Sie können aus genannten technischen Gründen nicht – wie der Brief, das Protokoll, die Telefonnotiz gewöhnlicher Papiersubstanz – namenlos durchs Leben gehen, sondern schmücken sich gleich einer Existenzverdoppelung durch einen Namen. Dieser gleichzeitige Mangel und Privileg können nun für die Generierung von

Ordnung im Ablagesystem genutzt werden: Indem Regeln zur Namensvergabe von Dokumenten vom Projektmanagement festlegt werden.[180]

Die Mindesterfordernisse für eine Dateiverwaltung sind jedenfalls die Benennung der Dateien mit einem sprechenden Dateinamen zu welcher in einem oder in wenigen Worten Auskunft über den Inhalt des Dokumentes geben soll. Danach muss das Dokument in der definierten Ablagestruktur abgespeichert werden. Diese Mindesterfordernisse reichen für die optimale Abwicklung von Projekten häufig nicht aus: Werden nämlich in einem Unternehmen mehrere Projekte und diese zusätzlich parallel durchgeführt dann muss sichergestellt sein dass Dokumente nicht den gleichen Namen tragen (z.B. "Testprotokolle-2012.03.30.dat"), dann besteht die Gefahr, dass man bei vielen Dateien in einem Verzeichnis rasch die Übersicht verliert.[181]

Aus den genannten Gründen erscheint es hilfreich, die Namen der Projektdateien in unterschiedliche Blöcke bzw. Namensbestandteile aufzuteilen und diese jeweils durch Unterstriche zu trennen. Wörter bzw. Zahlen innerhalb eines Blocks können dabei mit einem Bindestrich verbunden werden. Bewährt hat sich dabei folgende Struktur welche aus sechs Blöcken besteht:[182]

{Projektnummer}_{Dateityp}_{Kurzbeschreibung}_{Version}_{Datum}_{Verfasser}.Suffix

z.B.: "02453-KK_Pflichtenheft_Zahlungen-Zahlscheinzahlungen_v.1.00_2004.08.22_SAGE.doc"

- Projektnummer: Im ersten Block des Dateinamens steht der die Projektnummer welche sich nach den jeweiligen Unternehmensvorgaben des Unternehmens für Projekte richtet. Diese kann von einer einfachen Zuordnung zu den Kalender-/Geschäftsjahren mittels fortlaufender Nummerierung (z.B. 10-01 für das erste Projekt im Jahr 2010) bis hin zu einem systematischen Nummernsystem reichen (z.B. Projekte im Bereich "Finanzbuchhaltung" gehören zur Projektgruppe 02000, daher beginnt die

---

[180] Vgl. Steinbrecher, W. / Müll-Schnurr, M. (2010) S. 167

[181] Vgl. Mathoi, Thomas (2010) S. 1

[182] Vgl. Mathoi, Thomas (2010) S. 2

Nummer für diese Projekte immer mit einer 02).[183] Häufig wird auch noch das Projektkürzel mit einem Bindestrich an die Projektnummer angehängt (z.B: „02453-KK" → Projektnummer „02453" mit dem Projektkürzel „KK" für den Projektnamen „Kundenkontokorrent") um eine rasche Zuordnung des Dokuments zu einem bestimmten Projekt bereits anhand des Dateinamens durchführen zu können.

- Dateityp: Im zweiten Block des Dateinamens steht der Dateityp welcher einen weiteren Hinweis auf den Inhalt der Datei liefert.[184] Für jedes Projektmanagement-Dokument und Ergebnisdokument ist einem Dateityp zugeordnet. (z.b. Dateityp „Pflichtenheft")

- Kurzbeschreibung: Bei der Kurzbeschreibung im dritten Block gilt das Motto: In der Kürze liegt die Würze.[185] Hier kann jedoch auch die Untergliederung der Unterordner berücksichtigt werden. In unserem Beispiel besteht das Pflichtenheft aus 12 Kapitel welche jeweils ein Arbeitspaket darstellen. Die ersten 9 Kapitel beschreiben jeweils einen Prozess der zu implementieren ist, die übrigen 3 Kapitel beschreiben prozessübergreifende Inhalte. Der Vorteil bei der Erstellung der 12 Kapitel in jeweils einem Dokument gegenüber der Erstellung aller 12 Kapitel in einem Dokument liegt darin, dass üblicherweise ein Verantwortlicher für ein Arbeitspaket und damit für die Erstellung des Dokuments benannt wird. Wenn alle 12 Dokumente freigegeben und mit dem Kunden abgestimmt sind dann können diese auf Verlangen des Kunden noch final in ein Gesamtdokument zusammengefasst und geliefert werden.

- Versionsnummer: Die Einführung einer Nummerierung der Versionen welche hier im vierten Block erfolgt, ermöglicht die Speicherung von Zwischenständen einer Datei. (z.B. vom Prozess „Zahlscheinzahlung"). Dies ist vor allem bei Dateien empfehlenswert, die in mehreren Iterationen in Abstimmung mit dem Auftraggeber erstellt werden oder wenn zwischenzeitlich ein anderes Projektmitglied für das Arbeitspaket und die Dokumentation zuständig ist.[186] Die Notation der Versionsnummer sollte

---

[183] Vgl. Mathoi, Thomas (2010) S. 2

[184] Vgl. Mathoi, Thomas (2010) S. 2

[185] Vgl. Mathoi, Thomas (2010) S. 2

[186] Vgl. Mathoi, Thomas (2010) S. 2

jedenfalls den Freigabestatus des Dokuments erkennen lassen: Üblicherweise werden für Dokumente bis zur Abnahme des Kunden die Versionsnummern 0.01 bis 0.09 (oder 0.1 bis 0.9) vergeben. Zwischenabnahmen im Rahmen von Tests durch den Kunden können je nach Vereinbarung mit einer Versionsnummer von z.B. 0.70 gekennzeichnet werden. Erst nach der Abnahme durch den Kunden erhält das Dokument die Versionsnummer 1.0. Werden später noch Änderungen vorgenommen, wird entsprechend hochgezählt (z.B.: 1.1).[187]

- Datum der Bearbeitung: Der Leser gewinnt mit der Information über das Bearbeitungsdatum einen ersten Eindruck über die Aktualität bzw. den Updatestatus des Dokumentes. Vielfach wird das Bearbeitungsdatum aber auch weggelassen da ohnehin die letzte Versionsnummer das aktuell gültige Dokument kennzeichnet. Das Datum der Bearbeitung sollte in der Schreibweise JJJJ.MM.TT erfolgen. Dabei steht die jeweils längere Frist vor der kürzeren Frist Das Monat steht daher links vor dem Tag, das Jahr wiederum links vor dem Monat. Diese Notation hat Vorteile beim Sortieren von Dateien welche die gleiche Projektnummer, Dateityp, Kurzbeschreibung und Version haben da sie vom Dateisystem dann in chronologischer Reihenfolge angezeigt werden.

- Kurzzeichen des Verfassers: Im sechste und letzte Block, am Ende der Dateibezeichnung gibt das Kurzzeichen des Verfassers einen Hinweis auf den Ersteller der Datei. Bei mehreren Verfassern sind deren Kurzzeichen jeweils durch einen Bindestrich getrennt anzuführen.

Die mit dieser Methode gewählte Benennung der Dateien soll auch neben der Auffindbarkeit im laufenden Projekt auch die Wiederauffindbarkeit der Dokumente bei folgenden Projekten gewährleisten.

5.4.2 Nutzung für den Wissenstransfer

Die Erstellung der Projektdokumente erfolgt wie erwähnt während der Abarbeitung des Projektes in den Projektphasen. Die Erstellung der Dokumente

---

[187] Vgl. Reiss M. / Reiss G. (2010) S. 298f

erfolgt dabei aufgrund von vertraglichen oder gesetzlichen Anforderungen für das laufende Projekt. Innerhalb des laufenden Projektes sind die Projektmitglieder mit der Ablagestruktur der erstellten Dokumente meist vertraut da diese in der Phase des Projektstarts kommuniziert wurde. Daher kann das ad hoc Wissen innerhalb eines Projektes mit wenig Suchaufwand für den Projektmitarbeiter generiert werden.

Problematisch wird der Suchaufwand wenn Projektmitarbeiter versuchen Wissensdokumente aus anderen Projekten im Projektdateisystem zu suchen um damit einen Wissenstransfer von anderen laufenden oder abgeschlossenen Projekten zu erreichen. Die gängigsten Möglichkeiten werden in den folgenden Kapiteln beschrieben.

5.4.2.1 Volltextsuche

Bei dieser Suchmethode ist überhaupt keine geordnete Ablage der Dokumente im Dateisystem oder Verschlagwortung der Dokumente Voraussetzung, um einen gesuchten Text zu finden: Alle Dokumente werden auf ein darin enthaltenes Wort (oder eine darin enthaltene Phrasen) hin durchsucht und die gefundenen Dokumente in einer Trefferliste markiert. Microsoft hat ab der Windows-Version 2000 einen Festplatten-Indexdienst integriert. Dabei werden allerdings standardmäßig nur die gängigen MS-Office-Dateiformate berücksichtigt.[188] Der nicht vorhandene Aufwand für die Verschlagwortung der Dokumente für die spätere leichtere Suche stellt zunächst einen Vorteil für die Volltextrecherche dar.

Reine Volltextsuche

Bei der reinen Volltextsuche wird der gesamte, unveränderte Text der Dokumente eines Verzeichnis in die Suche einbezogen. Technisch gesehen wird bei einer reinen Volltextrecherche ein kompletter Index der vollständigen Datenbasis erstellt. Dabei generiert das System für jedes Wort in jedem Dokument des durchsuchten Dateisystems einen Eintrag in den Index mit der genauen Position des jeweiligen Wortes im jeweiligen Dokument. Ein Vorteil der Volltextsuche liegt beispielsweise

---

[188] Vgl. Steinbrecher, W. / Müll-Schnurr, M. (2010) S. 181f

darin, dass eine gesuchte Phrase (z.B.: „Wissenstransfer im Projekt") tatsächlich gefunden wird wenn sie in mindestens einem Dokument vorhanden ist.[189]

Ein Nachteil ist das sogenannte Synonymproblem: Dokumente, die mit anderen Wörtern die gleichen Inhalte beschreiben, können nicht direkt gefunden werden. Das Synonymproblem hat zur Folge, dass der Suchende bei mangelndem Sucherfolg nie sicher sein kann, ob das entsprechende Dokument nicht existiert oder ob er nur das falsche Suchwort eingegeben hat. Beispielsweise gibt der Suchende den Suchbegriff „Überweisung" ein aber es wird kein Dokument gefunden. Also versucht er es mit einem ähnlichen Begriff wie „Transfer", und dann nochmals mit „Einzug" findet aber jeweils nichts wenn diese Wörter im Datenbestand nicht verwendet wurden. In unserem Beispiel in Kapitle 5.4.1 wurden Dokumente in einem Dateisystem generiert und abgespeichert welche im Dateinamen bereits das Wort „Zahlung" enthalten hat und dieses Wort kommt wohl auch im Text der Datei vor. In der Praxis stellt das keine prinzipielle, sondern eine Performance- Beschränkung dar: Statt einer Suchanfrage müssen in der Regel fünf oder zehn oder noch mehr Abfragen gestartet werden, bis ein relevantes Dokument gefunden wird – oder man zum Schluss kommt, dass das Gesuchte in keinem Dokument des durchsuchten Dokumentenbestand vorhanden ist.[190] Wenn die Abfrage mit dem Wort „Zahlung" gestartet wird dann würden Dokumente als Treffer angezeigt werden.

Volltextsuche mit Deskriptoren

Um dem Synonymproblem zu entgehen werden aus den Dokumenten vor der Indizierung aus den Dokumenten des Dateisystems sogenannte Deskriptoren erstellt. Ein Dokumentendeskriptor vergibt für jedes Wort in einem Dokument Gewichtungen, die beschreiben, wie dominant einzelne Begriffe in einem Dokument sind. Häufig werden dabei folgende Schritte unternommen: [191]

- Die Texte der Dokumente werden nicht nur in Wörter zerteilt sondern Leer- und Trennzeichen werden eliminiert

---

[189] Vgl. Hansen, H. R. / Neumann, G. (2005b) S. 497

[190] Vgl. Steinbrecher, W. / Müll-Schnurr, M. (2010) S. 183f

[191] Vgl. Hansen, H. R. / Neumann, G. (2005b) S. 497

- Stoppwörter werden eliminiert (z.b. Bindewörter, Artikel, Hilfszeitwörter, etc.). Für die verbleibenden Wörter wird ein Eintrag in den Index mit der genauen Position im Datenbestand vorgenommen (Invertierte Datei).

- Durchführung einer Stammformreduktion („stemming") bei den verbleibenden Wörtern (z.b. Das Wort „Zahlungen" wird auf „Zahlung" reduziert) und Berücksichtigung im Index.

- Nutzung eines Thesaurus wobei Wörter nach ihrer Bedeutung nach unterschiedlichen Relationen strukturiert werden (Oberbegriffe, Unteraspekte, verwandte Begriffe, etc.). So werden etwa bei der Suche nach dem Begriff "Zahlung" auch Dokumente gefunden, in denen von "Zahlscheinzahlung" und „Überweisung" die Rede ist.

Bei der Indizierung wird für jedes Dokument die darin enthaltenen Begriffe mit ihren Häufigkeiten berücksichtigt. Begriffe die im Dateinamen enthalten sind haben eine erhöhte Bedeutung bei der Abfrage.[192] Aus diesem Grund ist auf die vorgegebenen Benennungskonvention der Projektdokumente durch die Projektmitglieder zu achten (siehe Kapitel 5.4.1.2).

Die hohe und kostengünstige Speicherkapazität heutiger Massenspeicher fördert den Einsatz von Volltextsuchsystemen. Bei steigenden Datenbeständen im durchsuchten Dateisystem zeigen sich aber weitere Nachteile der Indexierungsmethode der Volltextsuche: Zunächst überwiegen noch die Vorteile des geringen Aufwandes, mit steigender Anzahl von Projekten und damit Projektdokumenten im Dateisystem steigt aber die individuelle Suchzeit da zu viele irrelevante Dokumente als Treffer angezeigt werden. Ein weiterer Nachteil ist darüber hinaus das die Suchabfrage mit steigender Dokumentenzahl im Dateisystem zunimmt.[193]

Für den Benutzer ist bei einer großen Dokumentenanzahl jedenfalls ein hohes Maß an Recherchekompetenz unabdingbare Voraussetzung, um bei spezifischen Themen mit der Kenntnis von Mehrdeutigkeiten, Homonymen und Synonymen die gewünschten Dokumente zu finden.[194]

---

[192] Vgl. Hansen, H. R. / Neumann, G. (2005b) S. 498

[193] Vgl. Steinbrecher, W. / Müll-Schnurr, M. (2010) S. 183

[194] Vgl. Gerick, T. (2000a) S. 90f

Wenn für alle Projekte ein eigenes Dateisystem geschaffen wurde dann kann eine triviale Suche nach den hierarchischen Ordnerstrukturen durchgeführt werden.

Bei der klassischen Ablage in Verzeichnissen wird wie oben beschrieben versucht, möglichst viele Dokumenteneigenschaften durch die Verwendung einer sprechenden Ordnerhierarchie zu hinterlegen.[195] Dabei wird anhand des Namens des Projektordners geschlossen welche Inhalte in den abgeschlossenen Projekten durchgeführt worden sind. Falls eine Vermutung über die Inhalte des Projektes vorliegt, werden dann die darunter liegenden Ordner geöffnet und durchsucht.

Dies kann für langjährige Mitarbeiter im Unternehmer mit einem großen individuellen Wissen über die durchgeführten Projekte ein gangbarer Weg sein um effizient gesuchte Dokumente finden zu können. Für die übrigen Mitarbeiter ist dies vor allem bei einer Vielzahl von durchgeführten Projekten nicht in vertretbarer Zeit möglich und es wird daher häufig gar nicht über diesen Weg gesucht sondern es wird die Volltextsuche verwendet.

5.5 Wissensdatenbank in IT-Projekten

Wissensmanagement in Projekten kann nur dann erfolgreich sein, wenn der Faktor Mensch als Ausgangspunkt gesehen wird. Wissen benötigt Bedeutungsgebung und wird nur dann zur Expertise, wenn Anwendung, Praxiserfahrungen und Handlungeneffizienz hinzukommen. Damit wird klar: Sie ist an den Menschen gebunden, nicht an Datenbanken oder Dateiverwaltungssysteme. Um Wissen über das reine Management von Daten und Information hinaus gezielt zu fördern, zu nutzen und zu der für projektorientierte Unternehmen so (überlebens-) notwendigen Expertise zu führen, braucht es mehr als reines Informationsmanagement, nämlich die von Auer sogenannte „Wissensarbeit".[196]

---

195 Vgl. Reiss M. / Reiss G. (2010) S. 366
196 Vgl. Lell, J. (2009) S.1ff

5.5.1 Aufgabe

Die Hauptaufgabe und somit der Zweck einer Wissensdatenbank in einem IT-Projekt besteht im Allgemeinen darin den Wissenstransfer zu unterstützen, sodass sie Projektmitarbeitern im Allgemeinen folgende Hilfestellungen anbietet:[197]

- Das implizite Wissen von Personen anderen Personen, insbesondere den Projektmitarbeitern eines laufenden IT-Projektes als auch Mitarbeitern von folgenden Projekten, in expliziter Form zur Verfügung zu stellen
- Ressourcen sollen rasch gefunden werden
- Informationen aller Art zu sammeln, zu kommentieren, zu verknüpfen, zu speichern und zu verwerten. Es müssen nicht nur Microsoft (MS) Word-Dateien verwaltet werden können, sondern auch MS Excel-Tabellen, MS Powerpoint sowie Dateien von vielen anderen Programme – natürlich auch die anderer Hersteller und andere Medien.
- Information gemäß der Selektion des Benutzers darzustellen (Die Ausgabe von unerwünschten Daten (Streuinformationen) soll vermieden werden.
- Informationen möglichst exakt (dem natürlichen Sachverhalt entsprechend), selbsterklärend (d. h. geometrisch im 3D-Bild) und ebenso stringent darzustellen

5.5.2 Implementierung und Nutzung einer Wissensdatenbank

5.5.2.1 Implementierung

Es wurde bereits in Kapitel 5.5.1 darauf hingewiesen, dass eine Wissensdatenbank zweckmäßig sein muss um von den Projektmitgliedern akzeptiert zu werden. Üblicherweise wird eine Wissensdatenbank nicht nur für ein Projekt erstellt sondern es wird von den Betreibern (siehe Kapitel 5.5.3) von Anfang an ein Wissenstransfer auf Folgeprojekte geplant. Als Konsequenz dessen muss daher von den Betreibern eruiert werden, wie groß der Wissensbedarf und die Einsatzgebiete sind. Im nächsten Schritt sucht man eine Anwendung mithilfe dessen die Anforderung am besten erfüllt wird. Es existieren bereits viele Anbieter am Markt

---

[197] Vgl. http://de.wikipedia.org/wiki/Wissensdatenbank (abgerufen am 31.08.2011)

weshalb eine Wissensdatenbank auch als Standardsoftware nach einem Auswahlverfahren angeschafft werden kann. Danach kann dann eine Wissensdatenbank implementiert werden und zur Nutzung an die Projektteams freigegeben werden. Um die Wissensdatenbank von Fehlern zu bereinigen und um sie anwenderfreundlich gestalten zu können, muss sie jedoch laufend gewartet und weiterentwickelt werden.

Ein Entscheidender Faktor für den Erfolg der Implementierung einer Wissensdatenbank liegt dann wenn diese auch für den Wissenstransfer genutzt wird. Sie wird dann vor allem genutzt wenn dort relevantes Wissen in kurzer Zeit gefunden wird. Um die relevanten Dokumente finden zu können ist eine Verschlagwortung der Dokumente durch das Projektteam des laufenden Projektes erforderlich.

5.5.2.2 Verschlagwortung

Früher war diese Suchmethode in Bibliotheken gebräuchlich: Die Buchbestände wurden mittels einer Schlagwortkartei erschlossen. Die Methode ist aber auch für elektronisches Wissensarchive anwendbar: Jedes Dokument wird – ohne auf die inhaltliche Bestimmung Rücksicht zu nehmen – hintereinander in einen Ordner abgelegt und nummeriert. Dadurch erhält es einen eindeutigen Standort zugewiesen. Im weiteren wird ein Karteikasten angelegt in dem sich Karteikarten mit Schlagworten befinden. Zu jedem Schlagwort, das auf das Dokument verweist, wird auf die entsprechende Karteikarte ein Eintrag gemacht. Existiert die Karteikarte mit dem Schlagwort noch nicht, wird sie neu angelegt. Diesen Vorgang, einem Dokument verschiedene Einträge zuzuordnen, nennt man „Verschlagwortung" bzw. „tagging".[198]

Die Verschlagwortung kann dabei manuell in der Wissensdatenbank oder mit einer Unterstützung mit Vorschlagswerten erfolgen. Insbesondere folgende Metadaten eines Projektdokumentes eignen sich für eine Verschlagwortung:

- Projektnummer
- Projektname
- Autor

---

[198] Vgl. Steinbrecher, W. / Müll-Schnurr, M. (2010) S. 185f

- Zugehörige Kernprozesse / Teilprozesse / Themen (Mehrfachnennungen möglich und erwünscht)

In der Praxis erweist sich dies jedoch mitunter als schwierig: Projektmitarbeiter können eine gemeinsam vereinbarte Schlagwortstruktur schnell nicht mehr nutzen wenn Dokumente nicht vereinbarungsgemäß verschlagwortet werden oder diese ganz unterlassen wird. Für den Anwender bedeutet die Kategorisierung bei der Ablage seines Dokuments einen zusätzlichen Aufwand. Häufig führt dies dazu, dass auf die Verschlagwortung der Projektdokumente ganz verzichtet wird. Ein weiteres Problem ist in der geringen Flexibilität einer solchen Kategorisierung zu sehen. Eine wohlstrukturierte Dokumentendatenbank bedingt einen hohen Verwaltungsaufwand, da sich Kategorien, Sachgruppen und Stichworte mit Fortschreiten des Projektes ändern können und neue dazukommen. Jemand muss den zu Grunde liegenden Dokumentenbestand ständig an diese Veränderungen anpassen was mit einer wachsenden Anzahl der Dokumente umso zeitaufwendiger wird.[199]

Aufgrund des höheren Arbeitsaufwandes darf der Wiederstand bei der Einführung und im Betrieb der Wissensdatenbank nicht unterschätzt werden. Der wesentliche Vorteil der leichteren und sicheren Auffindung von Wissensdokumenten wird nicht allein durch die Wissensdatenbank selbst hergestellt, sondern durch die Verschlagwortung der einzelnen Dokumente bei der Ablage und durch Bildung von geeigneten Dokumentenklassen. Das alles bedeutet zusätzlichen Arbeitsaufwand welcher bei der alleinigen Nutzung des Dateisystems der Projektdokumentation für den Wissenstransfer nicht anfallen würde.[200]

5.5.3 Benutzerrollen und Inhalte in einer Wissensdatenbank

Beim Arbeiten mit einer Wissensdatenbank im Allgemeinen als auch beim Einsatz in einem IT-Projekt existieren verschiedene sogenannte Benutzerrollen. Es sei vorangestellt, dass einige Benutzerrollen, zum Beispiel Autor und Antragsteller, teilweise miteinander verschmelzen können. Üblicherweise kann es vorkommen,

---

[199] Vgl. Gerick, T. (2000b) S. 124f

[200] Vgl. Reiss M. / Reiss G. (2010) S. 368

dass die Aufgaben einer Benutzerrolle von mehreren Projektmitarbeitern oder mehrere Aufgaben von einem Projektmitarbeiter erfüllt werden. Üblicherweise existieren folgende Benutzerrollen:[201]

Inhaltsverwalter (Administrativ)

Diese Person ist für die „intellektuelle Infrastruktur" zuständig. In die festgelegte Zuständigkeit fallen grundsätzlich:

- Prüfung der von den Antragstellern beantragten Dokumente auf Eignung und Relevanz der Einträge
- Vermeidung von Redundanz (Dubletten erkennen und doppelte Einträge zusammenführen)
- Genehmigung und Freigabe der Einträge

Der Inhaltsverwalter muss die Erstellung der verpflichtenden Projektdokumente im Dateisystem (siehe Kapitel 4.5) im Sinne eines Pull – Systems planen, steuern und kontrollieren. Darüber hinaus können auch nicht verpflichtende Projektdokumente der Antragsteller im Sinne des Push - Prinzips nachgefragt und genehmigt werden. Am Ende eines jeden Projektabschnittes muss er entscheiden welche Dokumente in die Wissensdatenbank aufgenommen werden können. Es sollten vor allem solche Dokumente aufgenommen werden die sich voraussichtlich nicht mehr oder nur mehr in geringem Umfang ändern.

Antragsteller

Ein Antragsteller ist ein Projektmitglied das neues Wissen aus dem Projekt in einer Wissensdatenbank ablegen möchte. Dies können sowohl vor kurzem erforschte Lösungen für bestimmte Problemstellungen im Projekt sein (z.B. Lessons Learned) als auch die in den Projektphasen typischerweise zu erstellenden Dokumente. Auch Änderungen an bestehenden Dokumenten in einer bestehenden Version oder in einer neuen höheren Version werden von den Antragsstellern

---

[201] Vgl. http://de.wikipedia.org/wiki/Wissensdatenbank (abgerufen am 02.09.2011).

gefordert. Das Ziel ist es dabei, den Bedarf für noch nicht veröffentlichte Inhalte zu ermitteln und ihn dann – bei gegebener Nachfrage – zu veröffentlichen.

Autor

Der Autor, der manchmal auch der Antragsteller sein kann, ist für den Inhalt der Einträge verantwortlich. Damit die Wissensdatenbank mit Fortschreiten des IT-Projektes mit Einträgen versehen wird, könnten Autoren auch mit Prämien belohnt werden.

Diese Dokumente stellen Wissen aus dem Projekt in Form von operativem Projektsteuerungswissen dar und dienen häufig dazu die Erreichung des Projektzieles des laufenden Projektes feststellen zu können. Gerade aber das Fach- und Methodenwissen aus dem laufenden Projekt sollte aber ebenfalls explizit gemacht werden um einen Wissenstransfer auch auf diesem Gebiet für spätere Projekte gewährleisten zu können.

Rezensent

Diese Person ist nicht zwingend erforderlich, doch ist sie zur Wahrung der Qualität notwendig.

Zu den Aufgaben von Rezensenten gehören die Überprüfungen der Einträge nach folgenden Vorgaben:

- Stilistischer Natur
- Struktureller Natur
- Terminologischer Natur
- etc.

Auch die Rechtschreibung und die Grammatik sollten korrekt sein. Manchmal wird auch eine Teilung der Aufgaben nach technischen und nicht-technischen Gesichtspunkten vorgenommen. Nach einer Rezension gibt der Inhaltsverwalter den Eintrag frei und veröffentlicht ihn.

In kleineren IT-Projekten wird der Projektleiter häufig auch der Rezensent sein. Dies gibt ihm zusätzlich die Möglichkeit auch den Inhalt der durchzuführenden Arbeitspakete beurteilen zu können.

Taxonom (Administrativ)

Diese Person ist auch für die Qualitätssicherung zuständig. Diese erfolgt aber nicht auf detaillierter, inhaltlicher Basis der Einträge, sondern über Vorgabe von Normen, die die Konsistenz der Wissensdatenbank gewährleisten.

Diese Normen können sein:

- Setzen von Normen hinsichtlich der Terminologie
- Definieren eines Thesaurus, der u.a. Schlüsselwörter enthält
- Standardisierte Namen für Arbeitspakete, Prozesse, Funktonen, Abteilungen, Produkte etc.

Betreiber

Diese Person ist nicht zwingend erforderlich, doch ist sie zur Wahrung der Qualität notwendig

- Planung der Einführung einer Wissensdatenbank für IT-Projekte
- Prüfung der Effektivität der Wissensdatenbank für IT-Projekte
- Ankaufen, Lizenzieren oder Erteilung zusätzlicher Informationsprodukte und Dienstleistungen zur Verbesserung des Wissenstransfers in IT-Projekten
- Entwicklung eines einheitlichen Organisationsschemas für die Informationen um den projektübergreifenden Wissenstransfer zu optimieren
- Organisierung von Workshops, damit das Instrument Wissensdatenbank in den IT-Projektteams besser akzeptiert und weiterentwickelt wird sowie das „Training" der Projektmitglieder bzgl. der Anwendung und Bearbeitung der Wissensdatenbank

Üblicherweise wird die Rolle des Betreibers nicht von einem Projektmitglied eines laufenden Projektes bekleidet sondern die Wissensdatenbank wird dem Projektmitgliedern zu Beginn des Projektes als IT-unterstütztes Instrument des Wissensmanagement zur Verfügung gestellt.

5.5.4 Vorteile des Einsatzes einer Wissensdatenbank

Gegenüber von herkömmlichen Dateiverwaltungssystemen für die Projektdokumentation haben Datenbankverwaltungssysteme für den Wissenstransfer folgende Vorteile:[202]

- Indexgestützte Dokumentensuche: Kennzeichnend für die Suche in einer Wissensdatenbank ist die datenbankgestützte Verschlagwortung zur indexgestützten Dokumentensuche. Die auf diese Weise gekennzeichneten Dokumente sind über weitaus mehr Informationsfelder recherchierbar, als sie ein Dateisystem zur Verfügung stellt. Wie erwänt (siehe Kapitel 5.4.2) stellt das Dateisystem die Volltextsuche und die Suche über das Dateiverzeichnis zur Verfügung.

- Redundante Datenhaltung und Inkonsistenzen:
  Unter Inkonsistenz wird in der Informatik widersprüchliches Verhalten verstanden und liegt vor, wenn ein System widersprüchliche Ergebnisse liefert die nicht miteinander logisch vereinbar sind.[203] Dateninkonsistenz liegt vor, wenn verschiedene Versionen derselben Daten existieren und diese verschiedenen Versionen in Konflikt zueinander geraten. Insbesondere ergibt sich bei der Projektdokumentation das Problem anhand des Dokumenteninhalts festzustellen welches die aktuellste oder gültige Version des Dokuments ist wenn der Dateiname identisch ist.

  - *Ablage in mehreren Verzeichnissen:* Das Problem bei Daten und Informationen ist, dass diese auch in Projekten gleichzeitig mehreren Themengebieten zuzuordnen sind. Es sei folgendes praktisches Beispiel gegeben: Eine Spezifikation (z.B. Mahnwesen) ist im Rahmen eines Implementierungsprozesses in einem Dateisystem sowohl dem Debitorenmanagement als auch dem Zahlwesen zuzuordnen. Vom

---

[202] Vgl. Kempler, A / Eickler, A. (2004) S. 17ff

[203] Vgl. Hansen, H. R. / Neumann, G. (2007) S. 181

Projektauftraggeber wird verlangt dass diese Spezifikation sowohl im Ordner Debitorenmanagement als auch im Zahlwesen abgelegt wird. Da die Informationen zweimal gespeichert bzw. abgelegt worden sind, ist eine Datei überflüssig. Wenn nun ein Projektmitarbeiter im laufenden Projekt oder im Folgeprojekt nach einer Datei für „Mahnwesen" sucht, dann findet er diese sowohl im Ordner Zahlwesen als auch im Ordner Mahnwesen. Er kann sich daher nicht sicher sein welches Dokument nun das aktuelle ist. In einer Wissensdatenbank wird jedes Dokument pro Version nur einmal erfasst. In diesem Beispiel würde das Dokument jedenfalls mit den Begriffen „Mahnwesen" und „Zahlwesen" verschlagwortet werden und es würde diese Dokument nur einmal gefunden werden egal ob ein Benutzer mit dem Begriff „Mahnwesen" oder „Zahlwesen" suchen würde.

- *Verweise auf nicht existierende Dokumente:* In einem Projekt werden üblicherweise verschiedene Dokumente zur selben Zeit von unterschiedlichen Projektmitgliedern erstellt. Mangels genauer Kenntnis des noch in Arbeit befindlichen Dokumentes und der Tatsache, dass das andere Dokument ebenfalls noch in der Erstellung ist, wird vielfach bereits auf das andere Dokument verwiesen obwohl der genaue Inhalt des anderen Dokuments noch nicht bekannt ist. So kann es sogar vorkommen dass in Dokumenten auf andere Dokumente verwiesen werden die es gar nicht gibt. Unter Verwendung einer Wissensdatenbank ist dies nicht möglich da für einen Verweis auf ein anderes Dokument dieses auch tatsächlich vorhanden sein muss.

- *Verweise auf ergänzende Dokumente:* Grundsätzlich sollen Informationen nur in einem Dokument stehen. Trotzdem werden häufig ganze Textpassagen eins Dokumentes kopiert und in ein zweites Dokument eingefügt anstatt im zweiten Dokument auf den Inhalt des ersten Dokumentes zu verweisen. Wenn sich nun betreffende Inhalte im ersten Dokument ändern dann kann es passieren dass diese Änderungen im zweiten Dokument nicht ebenfalls geändert werden wodurch es zu Inkonsistenzen kommt. Bei der Verwaltung der Projektdokumentation in einem Dateisystem versucht man dieses Problem zu lösen indem man die Projektmitarbeiter dazu anhält auf ergänzende Dokumente zu verweisen. Wenn dies nun eingehalten wird ergibt sich aber das Problem dass auf eine alte Version verwiesen wird wenn sich das ergänzende Dokument geändert hat.

- Probleme beim Mehrbenutzerbetrieb:
  - *Mangelnder Zugriffsschutz:* Bei den vor dem Aufkommen der Datenbanken verwendeten Dateiverwaltungssystemen gab es nur sehr rudimentäre Kontrollmechanismen, wodurch nahezu jeder Benutzer die Daten lesen, verändern und weitergeben konnte. Insbesondere beim Einsatz von externen Mitarbeitern wird dieses Problem schlagende. Um externen Mitarbeitern die benötigten Zugriffe auf das Projektverzeichnis zu ermöglichen, ist ein nicht unerheblicher Arbeitsaufwand notwendig der vielfach gescheut wird. Häufig wird den externen Mitarbeitern eigene Ordner neben dem offiziellen Projektverzeichnis im Dateisystem zur Verfügung gestellt. Als Konsequenz davon arbeiten externe Mitarbeiter dann lokal auf dem eigenen Notebook und speichern Dokumente lokal ab. Auf Anfrage oder bei Fertigstellung werden die erstellten oder geänderten Dokumente per email an den Projektleiter oder an ein anderes Projektmitglied versendet. Für die übrigen Projektmitglieder ist die Existenz dieser Version des Dokumentes aber unbekannt.[204] Dies hat Auswirkungen auf den Wissenstransfer bereits im laufenden Projekt.
  - *Datenverlust durch „lost update":* Ein weiteres Problem ist das Phänomen des „lost update". Wenn zwei Benutzer zur gleichen Zeit an einer Datei oder einem Datensatz arbeiten, so kann es mitunter zu einem Datenverlust kommen. Dieser kann dadurch entstehen indem die zusätzlichen Daten des ersten Bearbeiters durch das Editieren des zweiten gelöscht werden. Aus der gerade genannten und anderen Anomalien bieten Datenbankverwaltungssysteme Mehrbenutzerkontrollen.

- Datenverlust allgemein: Wenn Daten verloren gehen weil diese vorher nicht gesichert worden sind, kann es zu Inkonsistenzen des gesamten Dateninhaltes kommen. Um dieses Problem zu lösen bieten viele Datenbankverwaltungssysteme Recoverykomponenten an.

---

[204] Vgl. Reiss M. / Reiss G. (2010) S. 285

- Große Datenmengen: Datenbanken sind darauf eingerichtet, große Datenbestände zu verwalten.

6. Schluss

6.1 Ziel der Arbeit - Handlungsempfehlung

Das Ziel der Arbeit (Kapitel 1.3) ist die Ableitung einer Handlungsempfehlung welche lautet: Unter Beachtung der Vorteile (siehe Kapitel 5.5.4) und des erhöhten Aufwandes für die Wartung und Implementierung (siehe Kapitel 5.5.2.2) empfiehlt sich die Implementierung und Nutzung einer Wissensdatenbank bei IT-Projekten.

6.2 Beantwortung der Forschungsfrage

Die in Kapitel 1.4 gestellte Forschungsfrage zum optimalen Betrieb einer Wissensdatenbank wird wie folgt beantwortet: Entscheidend für den Betrieb und damit für die Nutzung der implementierten Wissensdatenbank (Kapitel 5.5.3) ist die Pflege der Wissensdatenbank, im wesentlichen also die Auswahl und vereinbarungsgemäße Abspeicherung der erstellten Projektdokumente. Der Elan beim Betrieb der Wissensdatenbank darf nicht versanden, dabei kommt insbesondere der Beitrag der jeweiligen Projektteams der laufenden Projekte (siehe Kapitel 5.5.3) erhebliche Bedeutung zu.

6.3 Zusammenfassung und Ausblick

Wissen ist zu einem wichtigen Wettbewerbsfaktor geworden, deshalb ist es für Organisationen wichtig dieses auch entsprechend zu lokalisieren, generieren, verwalten und zu verteilen. Auch früher wurden schon Teile der Werkzeuge verwendet und Methoden angewandt, teilweise jedoch unter einem anderen Begriff und nicht als Gesamtheit. Neu und herausfordernd sind jedoch nun die gesamtheitliche Nutzung und der laufende Einsatz zum Wissenstransfer auch in IT-Projekten.

Zu allererst muss eine Kultur für Wissensmanagement geschaffen werden um den erwünschten Wissenstransfer in Projekten durchführen zu können. Diese Kultur muss vom Management getragen werden und in der Projektorganisation der jeweiligen Projekte in den Projektteams mit ihren Rollen verankert und täglich gelebt werden. Werkzeuge sind zwar notwendig, aber ihr Stellenwert darf nicht überbewertet werden.

Um einen Wissenstransfer durchführen zu können wird in Kapitel 2 die Frage beantwortet was denn Wissen eigentlich ist. Es zeigt sich dabei dass sowohl in der Literatur als auch in der Praxis unterschiedlichste Meinungen, Abgrenzungen und Definitionen dazu existieren. Daher wird eingangs versucht eine klare Abgrenzung zwischen Daten, Informationen und Wissen vorzunehmen um am Ende den Nutzen des Wissens zu identifizieren welcher mittels Wissenstransfer zu erreichen versucht wird.

Abschließend wird in Kapitel 3 auf die zur Verfügung stehenden IT-Instrumente zum Wissenstransfer eingegangen und ein Überblick gegeben. Darin findet sich auch die Wissensdatenbank wieder die, wie sich zeigt, meistens als relationale Datenbank implementiert wird mit all ihren Vorteilen. Wichtig im projektorientierten Wissensmanagement ist, dass entsprechendes Vertrauen und Wertschätzung innerhalb des Projektteams als auch dem Projektteam gegenüber vorhanden ist. Leistungen und Beiträge sollen auch dem entsprechenden Mitarbeiter zugeordnet werden der sie zur Verfügung stellt um dessen Motivation und Anerkennung im Projektteam zu stärken. Andernfalls kann es dazu kommen dass Wissen aus Angst vor Ausnutzung und Nachteilen nicht weitergegeben wird.

Dann wird in Kapitel 4 auf den Begriff des Projektes im Allgemeinen und des Begriffes IT-Projektes im Besonderen eingegangen. Grundsätzlich gibt es dabei nur geringfügige Unterschiede. Es zeigt sich das insbesondere das Merkmal „Komplexität" charakteristisch für ein Projekt ist welches auch maßgeblich über den Erfolg oder Misserfolg eines Projektes mitverantwortlich ist. Ein Ziel des Wissenstransfers ist nun das Wissen aus früheren Projekten dem laufenden Projekt zur Verfügung zu stellen um der Komplexität der Aufgabenstellung eine erweiterte Problemlösungskompetenz durch das Projektteam gegenüberstellen zu können. Auch die Kapazität des Projektteams sollte sich durch den Wissenstransfer aufgrund rascherer Problemlösung erhöhen. Die einzelnen Projektphasen geben dabei jeweils Ansatzpunkte in Form von typischerweise in einem IT-Projekt entstehenden Dokumente. Dabei gibt es Projektdokumente die aufgrund von Normen zu erstellen sind als auch solche die nur dann zu erstellen sind wenn dies mit dem Auftraggeber vereinbart wird. Die für einen Wissenstransfer geeigneten Projektdokumente werden dabei beschrieben.

In Kapitel 5 wurde der Wissenstransfer im Projekt als Wissenstransferzyklus mit seinen Zielen beschrieben. Insbesondere erfolgte die Darstellung wie ein Wissenstransfer durchgeführt werden kann wenn dem Wissenssuchenden nur das Dateisystem der Projektdokumentation zur Verfügung steht und welche Vorteile sich ergeben wenn eine Wissensdatenbank implementiert und betrieben wird. Dabei werden beim Betrieb einer Wissensdatenbank in einem IT-Projekt idealerweise bestimmte Benutzerrollen definiert und den Projektmitgliedern zugeteilt um auch eine organisatorische Voraussetzung für die optimale Nutzung der Wissensdatenbank zu schaffen.

Wissen darf nicht in Schubladen verschwinden oder in den Köpfen einiger weniger Mitarbeiter gespeichert werden, sondern es muss geordnet zur Verfügung stehen, um es nutzbringend in der Durchführung möglichst vieler Projekte in der Organisation einzusetzen. Deshalb ist es notwendig sich mit Wissenstransfer, seinen Methoden und Werkzeugen auch für und auf IT-Projekten zu beschäftigen.

Literaturverzeichnis

Aamodt, Agnar / Nygard, Mads (1995): Different roles and mutual dependencies of Data, information and knowledge. *In: Data & Knowledge Engineering 16, Elsevier, Holland 1995, Page 191 - 222*

Adams, Linda (2011): Learning a new skill is easier said than done – the four stages of learning any new skill. http://www.gordontraining.com/free-workplace-articles/learning-a-new-skill-is-easier-said-than-done/; Seitenaufruf am 04.08.2011

Anlauff, Heidi / Böttcher, Axel / Ruckert, Martin (2002): Das MMIX-Buch: Ein praxisnaher Zugang zur Informatik, Eine praxisnahe Einführung in die Informatik, Auflage 1. Springer, Berlin und Heidelberg

Auer, Thomas (2007): ABC der Wissensgesellschaft; Auflage 1, doculine, Reutlingen

Auer, Thomas (2009): ABC der Wissensgesellschaft, http://www.hrm-auer.ch/downloads/KM-ABC_5.pdf; Seitenaufruf am 31.01.2010

Balzert, Helmut (1998): Lehrbuch der Softwaretechnik: Software-Management, Software-Qualitätssicherung, Unternehmensmodellierung. Spektrum Akademischer Verlag, Heidelberg / Berlin / Oxford

Bea, Franz Xaver / Friedl, Birgit / Schweitzer, Marcell (2005): Allgemeine Betriebswirtschaftslehre - Bd. 2: Führung- Planung und Steuerung, Auflage 9. UTB, Stuttgart

Beck, Thomas (1996): Die Projektorganisation und ihre Gestaltung. Duncker & Humbolt, Berlin

Boy, Jacques / Dudek, Christian / Kuschel, Sabine (2000): Projektmanagement: Grundlagen, Methoden und Techniken, Zusammenhänge, 8. Auflage. Gabal, Offenbach

Chapman, Alan (2011): conscious competence learning model. http://www.businessballs.com/consciouscompetencelearningmodel.htm; Seitenaufruf am 04.08.2011.

Dietrich, Christian (2004): Verifizierung eines Wissensmangement - Referenzmodells in der Fahrzeugentwicklung, Diplomarbeit. Graz

DIN e.V. – Hrsg. (2009): Projektmanagement – Netzplantechnik und Projekt-managementsysteme, DIN 69901-5 Projektmanagement – Projektmanagement-systeme-Teil 5: Begriffe. Beuth; Berlin.

Disterer, Gerhard (2001): Wissens - und Erfahrungssicherung in DV-Projekten. *In: Britzelmaier, Bernd / Geberl, Stefan / Weinmann, Siegfried (Hrsg.), Informations-management – Herausforderungen und Perspektiven. Teubner; Stuttgart-Leipzig-Wiesbaden*, 2001, S. 33-44.

Doutreval, André (2002): Informationsmanagement: Erfolgsfaktor für die Leistungsinnovation. Thexis; St. Gallen

Eppler, Martin J. (2000): Überblick: State-of-the-Art im Bereich Wissensmanagement - Instrumente. *In: Unterlagen zur Tagung „Wissensmanagement - Instrumente" vom 12. September 2000, St. Gallen*

Erb, Ulrike (2011): Wissensmanagement – Modebegriff oder neue Konzepte? http://www.verdi-innotec.de/upload/m3de5d5d625fbf_verweis1.doc; Seitenaufruf am 05.05.2011

Erxleben, Olaf (2009): Babylonische Begriffsvielfalt für Artefakte im Umfeld Business Analyse und Requirements Engineering. *In Objektspektrum Ausgabe RE (Requirements Engineering) 2009. Sigs Datacom GmbH, Troisdorf*

Eschenbach, Sebastian / Geyer, Barbara (2004): Wissen & Management. 12 Konzepte für den Umgang mit Wissen im Management. Linde Verlag, Wien

Fuchs – Kittowski, Klaus (2000): Wissens-Ko-Produktion – Organisations-informatik. *In: Organisationsinformatik und Digitale Bibliothek in der Wissenschaft: Wissenschaftsforschung Jahrbuch 2000; S. 9 – 88*

Gareis, Roland (2003): Happy Projects! Manz Verlag, Wien

Geisler, Frank (2009): Datenbanken. mitp-verlag, Heidelberg, München, Hamburg.

Gerick, Thomas. (2000a): Recherchetechniken: Suchen und Finden sind zweierlei. *In: Computerwoche, 7/2000, S. 90–92*

Gerick, Thomas (2000b): Sinnsuche – Retrieval: Methoden, Trends, Produkte. *In: Magazin für professionelle Informationstechnik, 12/2000, S. 124–128*

Gienke, Helmut / Kämpf, Rainer (Hrsg.) (2007): Handbuch Produktion. Carl Hanser Verlag, München / Wien

Hansen, Hans Robert / Neumann, Gustaf (2005a): Wirtschaftsinformatik 1 – Grundlagen und Anwendungen 9. Auflage. Lucius & Lucius Verlagsgesellschaft mbH, Stuttgart

Hansen, Hans Robert / Neumann, Gustaf (2005b): Wirtschaftsinformatik 2 – Grundlagen und Anwendungen 9. Auflage. Lucius & Lucius Verlagsgesellschaft mbH, Stuttgart

Hansen, Hans Robert / Neumann, Gustaf (2007): Arbeitsbuch Wirtschaftsinformatik 7. Auflage. Lucius & Lucius Verlagsgesellschaft mbH, Stuttgart

Hindel, Bernd / Hörmann, Klaus / Müller, Markus, et al. (2006): Basiswissen Softwareprojektmanagement: Aus- und Weiterbildung zum Certified Professional für Project Management nach iSQI-Standard, 2. Auflage. Dpunkt Verlag, Heidelberg

Jenny, Bruno (2001): Projektmanagement in der Wirtschaftsinformatik. Hochschulverlag an der ETH Zürich, Zürich

Kempler, Alfons / Eickler, Andre (2004): Datenbanksysteme, 5. Auflage. Oldenbourg Verlag, München

Lehner, Franz (2009): Wissensmanagement – Grundlagen, Methoden und technische Unterstützung, 3. Auflage. Hanser, München / Wien

Lell, Judith (2009): Die erweiterte Wissenstreppe; http://blog.wissenswerk.biz/?p=515; Aufgerufen am 31.10.2009

Litke, Hans-Dieter (1995): Projektmanagement, Methoden, Techniken, Verhaltensweisen, 3. Auflage. Carl Hanser Verlag, München / Wien

Luhmann, Niklas (1971): Soziologische Aufklärung, Band 1, 2. Auflage. Vs Verlag, Opladen

Luhmann, Niklas (1987): Soziale Systeme: Grundriss einer allgemeinen Theorie, 1. Auflage. Suhrkamp, Frankfurt am Main

Mathoi, Thomas (2010): Pragmatisches Dokumentenmanagement – Die digitale Projektablage übersichtlich organisieren. *In: Projektmagazin, Ausgabe 4/2010, S. 1–8; http://www.projektmagazin.de*

Mittelmann, Angelika (1999): Wissensmanagement – Grundlagen. http://artm-friends.at/am/km/basics/wissen-d.html; Seitenaufruf am 31.01.2010

Müller, Herbert (2008): Methodik des Wissensmanagement in Projekten, Master Thesis, Hochschule Liechtenstein, 2008. GRIN Verlag, Liechtenstein

Nonaka, Ikujiro (1991): The Knowledge-Creating Company. *In: Harvard Business Review November-Dezember 1991*

North, Klaus; (2005); Wissensorientierte Unternehmensführung - Wertschöpfung durch Wissen. Gabler, Wiesbaden

Patzak, Gerold / Rattay, Günter (1998): Projekt Management, Leitfaden zum Management von Projekten, Projektportfolios und projektorientierten Unternehmen, 3. Auflage. Linde, Wien

Pautzke, Gunnar (1989): Die Evolution der organisatorischen Wissensbasis: Bausteine zu einer Theorie des organisatorischen Lernens. Dissertation an der Universität München. Kirsch Verlag, München

Polanyi, Michael (1958): Personal knowledge. University Of Chicago Press, Chicago

Probst, Gilbert J. B. / Raub, Steffen / Romhardt, Kai (1998): Wissen managen: wie Unternehmen ihre wertvollste Ressource optimal nutzen, Vol. 2., Auflage 2. Gabler; Wiesbaden

Puchhammer, Markus (2008): Grundzüge des Projektmanagements. Studienheft Ferdinand Porsche Fernfachhochstudiengänge, Wien / Wr. Neustadt

Rechenberg, Peter (2000): Was ist Informatik? Eine allgemeinverständliche Einführung, Auflage 3. Hanser Fachbuch, München / Wien

Reiss, Manuela, / Reiss, Georg (2010): Praxisbuch IT-Dokumentation. Addison-Wesley, München

Riempp, Gerold (2004): Integrierte Wissensmanagement – Systeme; Architektur und praktische Anwendung. Springer, Berlin

Riempp, Gerold (2009): Grundlagen-Skriptum: Wissensmanagement. Lehrunterlage Ferdinand Porsche Fernfachhochstudiengänge, Wien / Wr. Neustadt

Romhardt, Kai (1998): Die Organisation aus der Wissensperspektive: Möglichkeiten und Grenzen der Intervention. Gabler, Wiesbaden

Schenk, Michael / Staiger, Mark / Voigt, Stefan (2004): Wissensinseln vernetzen – Wissensmanagement in der Projektorganisation. *In: Zeitschrift für wirtschaftlichen Fabrikbetrieb: ZWF 99, Nr. 7-8, 2004, S. 418-423.*

Schindler, Martin (2002): Wissensmanagement in der Projektabwicklung, Dissertation, Universität St. Gallen 2000, 3. Auflage. Josef Eul Verlag, Lohmar

Schmelzer, Hermann J. / Sesselmann, Wolfgang (2002): Geschäftsprozessmanagement in der Praxis: Produktivität steigern, Wert erhöhen, Kunden zufrieden stellen. Hanser, München / Wien

Schmidt, Götz (2002): Einführung in die Organisation: Modelle - Verfahren – Techniken. Gabler, Wiesbaden

Soukop, Christian (2000): Zu Risiken und Nebenwirkungen von Wissensmanagement: wie Unternehmen sich vor allzu viel Wissen schützen können. *In: Götz, Klaus (Hrsg.): Wissensmanagement: Zwischen Wissen und Nichtwissen, 3., verbesserte Aufl., Hampp, München, S. 195-214*

Starbuck, William H. (1992): Learning by Knowledge-Intensive Firms. *In: Journal of Management Studies, Vol. 29, No. 6, 1992, S. 713 - 740*

Stauber, Elisabeth (2002): In und aus Projekten lernen. In: Projektmanagement, 3/2002, S. 29 -38

Steinbrecher, Wolf / Müll-Schnurr, Martina (2010): Prozessorientierte Ablage – Dokumentenmanagement Projekte zum Erfolg führen – Praktischer Leitfaden für die Gestaltung einer modernen Ablagestruktur, 2. Auflage. Gabler, Wiesbaden

Weck, Reinhard (2003): Informationsmanagement im globalen Wettbewerb: Voraussetzungen und Potentiale einer erfolgreichen Positionierung. Oldenburg, München

Wenger, Etienne (1999): Communities of practice. University Press, Cambridge

Willke, Helmut (2007): Einführung in das systemische Wissensmanagement, 2. Auflage. Carl Auer, Heidelberg

Zepke, Georg (2005): Reflexionsarchitekturen: Evaluierung als Beitrag zum Organisationslernen. Carl Auer Systeme, Heidelberg

Abbildungsverzeichnis

Abbildung 1: Nachrichten, Daten und Informationen   13

Abbildung 2 Wissenswürfel   14

Abbildung 3: Die Beziehung der Ebenen der Begriffshierachien   19

Abbildung 4: Wissenspyramide   20

Abbildung 5 Wissenstreppe nach North   21

Abbildung 6: Lernmatrix   23

Abbildung 7: Instrumente des Wissensmanagements   27

Abbildung 8: Eigene Darstellung: Technologien, Werkzeuge und Systeme des Wissensmanagement   29

Abbildung 9: Eigene Darstellung: Dokumente in Datenbankmanagementsystemen   31

Abbildung 10: Dokumentenlebenszyklus   32

Abbildung 11: Dreischichtenmodell eines Datenbanksystems nach ANSI - SPARC   35

Abbildung 12: Einfaches ER – Diagramm mit Beziehungstyp   37

Abbildung 13: Begriffe relationaler Datenbanken   41

Abbildung 14: Beispiel für einen Verbund von zwei Tabellen   43

Abbildung 15: Projektmerkmale   45

Abbildung 16: Betrachtungsobjekte des Projektmanagements in Form des Magischen Dreiecks   49

Abbildung 17: Typen des Projektwissens   52

Abbildung 18: Projektabschnitte und Projektdokumente   53

Abbildung 19: Eigene Darstellung: Obligatorische und vereinbarte Projektdokumente   56

Abbildung 20: Eigene Darstellung: Beispiel Lesson Learned bei Implementierung

    Debitorenmanagement   64

Abbildung 21: Wissenstransfer in Projekten   65

Abbildung 22: Wissenstransferzyklus   67

Abbildung 23: Eigene Darstellung: Projektdokumentation in einem Dateisystem   71